実践！
新社会人のキホン

内田和俊 Uchida Kazutoshi

★——ちくまプリマー新書

489

目次 ＊ Contents

第3章

まえがき

新卒で入社した会社を勤め上げる、チャンスがあれば転職をしてステップアップする、いつかは起業したい……、人それぞれ想定しているキャリアは異なると思います。

もちろん、現段階では先々のことは、まだ決まっていないという人もいるでしょう。

ただ、いずれのケースであっても、まずは社会人として普遍的かつ不変の基本を身につけること、これこそが一番の生存戦略になるはずです。

なぜなら、何事においても（仕事に限らず、勉強やスポーツでも）、基本が出来ている人ほど成長が早く、大成する人ほど基本に忠実だからです。

また、迷ったとき、伸び悩みやスランプに陥ってしまったときも基本に戻ることが、その状況から脱出する一番の近道になります。そこに浮上するためのヒントや答えがあるからです。

新入社員や若手社員から「学生と社会人の一番の違いは何ですか？」と訊《き》かれたとき、

私は次の三つを答えます。

①学生は校内ではマジョリティで中心的な存在でしたが、社会人になると社内ではマイノリティになり、主流派は昭和のおじさん世代になります。

②次に時間に関する意識の変革が求められます。学生のように三年や四年は中長期とは言えず、五年や一〇年のスパンで物事を考えることも必要になります（皆さんは人生一〇〇年、社会人五〇年時代を生きるパイオニア的な存在です）。

③また人生のステージも、成長から成熟のステージへと移行していきます。

この①～③を念頭に置き、これまで私が実施してきた新入社員や若手社員研修の中で、人気の高かった内容を本書ではご紹介していきます。

第1章の前半では、①に関連して世代間ギャップの話をします。

株式会社学情が「あさがくナビ2025」のサイトに来訪した二〇二五年三月卒業予定の大学生・大学院生を対象に行ったインターネット調査によると、就職活動において、九割以上（九〇・五％）の学生が、就職活動で「研修・教育制度を重視する」と回答し、企業の教育制度・キャリア形成支援で重視するものは、「社内の研修制度」が七三・五％で最多となっています。

恐らく、本書を手に取ってくださっている皆さんも社内の研修制度に関して、強い関心を持っていると思います。

私は、この研修業界で二〇年以上にわたり、年間で約一万人に社員研修を実施し、約五〇〇〇人にコーチングやカウンセリングを実施してきました。

第1章の後半では、そんな経験を持った私にしかできない社員研修に関する残念な現実を包み隠さずお伝えします。

研修制度の充実度や実態は、その会社の将来を予測するひとつの材料にもなりますので、ぜひ参考にしてください。

本書の中心は、第2章と第3章になります。

②と③にも関連するのですが、時代の影響を受けず長期にわたって効果を発揮する社会人の基本をご紹介します。

ここには、成長から成熟へと人生のステージが変わりつつある皆さんにとって、学生時代とは発想の転換が求められる内容も多々含まれています。

また、いくら有用な情報であっても今まさに直面している当座の問題を解決できないようでは意味がありませんし、どんな企業規模、業種、職種であっても、通用するものでなければなりません。

本書で紹介する知識とスキルは、すべて私の研修受講者によって実践され、その効果が実証されているものを厳選していますので、すぐにご活用いただけると思います。

そして第4章では、ウェルビーイングをテーマに、皆さんの社会人生活の充実だけでなく、よりよい人生を送るためのヒントとなる内容をお伝えします。

私のクライアント企業は、社員教育に重きを置き、人材育成に惜しみなく投資をしている企業ばかりです。その中でも二社にご協力をいただき、普段なかなか直《じか》に接する機会を得られない三名の大先輩にインタビューを実施しました。

第1章から第3章の終わりにコラム形式でご紹介させていただきます。大いに参考となる内容がギュッと凝縮されていますので、是非ご期待ください。

第1章　世代間ギャップと社員教育の実情

学生は、学校という組織の中で最も人数が多く（多数派であり）、自分たちの意見や考えを校内のさまざまな事柄に反映させることができる主役的な存在と言えます。学生時代に、生徒会活動をしたり、学園祭などのイベント運営に携わった人であれば、よりその主役感を実感できたはずです。

ところが社会に出ると、会社にもよりますが、たいていは四〇～六〇代の管理職や経営陣が主導権を握っています。皆さんは少数派になり、年齢も若く経験も浅いため、脇役的な存在になってしまいます。

エンパワーメントという名の権限委譲も進んではいますが、主たる担当者となって、自身の企画に承認をもらい、周囲の人たちを巻き込みながら独自のやり方で仕事を進められる機会は、入社後しばらくは得られないでしょう。

また、インターン期間や就活中はお客様扱いだった企業側も、入社と同時に、その扱いは変わります。

もちろん、おどかすつもりはありません。実際に新入社員をはじめとした若手社員の研修をしていても、いくら入社後に扱いが変わるとは言っても、社内で理不尽な目に遭ったと聴くことは少なく、むしろ学生時代の方が理不尽な対応が多かったという声が大半です。

会社の規模に関係なく優良企業になればなるほど、福利厚生は充実していますし、社員を守る制度も整っています。労働組合のある会社なら、より充実した保護も期待できます。

脈々と続く永遠の課題

学生から社会人になった多くの人が直面する問題があります。

それが四〇~六〇代の社内で主導権を握っている人たちとの世代間ギャップです。もちろんギャップを感じない人もいるでしょうし、感じても気になるほどではないという人もいるでしょう。

ただ、実際に新入社員をはじめとした若手社員のコーチングやカウンセリングをしていると、四〇代や五〇代を中心とした自分たちの親世代とのギャップに悩んだり苦しんだりしている人が多く、これが最悪のケースではメンタル不調を招いてしまったり、職場での居心地の悪さから転職を余儀なくされてしまったりするケースを見てきました。

実は、メソポタミア文明の遺跡から出土した粘土板にも「近頃の若者はなっていない。実に嘆かわしい……」という記述があったそうです。

このお互いが感じている世代間ギャップは永遠の課題とも言えます。

まず第1章では、その世代間ギャップに関して、触れていきます。

ここで一つ注意があります。これから一〇〜二〇代の皆さんと四〇〜六〇代の昭和世代の人たちの平均的な特徴をご紹介していきますが、主導権を握っているのは四〇〜六〇代だから、若い皆さんがその人たちに合わせましょうなどというつもりは全くありません。

ただ、昭和世代のおじさん（おばさん）の特徴を知っておくと、皆さんにとって意味不明だった彼ら彼女たちの言動の意図がわかります。

言動の意図がわからないと、困惑したり、ネガティブな感情に支配されてしまいがちです。ところが、発言や行動の意図や理由がわかれば、少しは気持ちも落ち着きますし、対応方法に幅が生まれます。

実は、今から説明する部分は、私が研修を実施している企業では、新入社員研修だけでなく、管理職研修や経営者向けの研修の中でもお伝えしている内容です。

あらゆる世代の人たちに、それぞれの世代ごとの平均的な特徴を知ってもらえれば、知ることから得られるメリットは非常に多く、お互いが少しずつでも歩み寄れる部分が増えるはずです。そうすれば、双方のストレスや混乱が軽減し、理想の職場に近づくのではないかと私は考えています。

ギャップの原因は何か

ギャップの発生原因は、私たちの頭の中の違いにあります。

具体的には、私たち一人一人が持っている価値観、常識、当たり前、フツーには基準があり、そこに違いやズレが生じるとギャップが生まれます。

多少のズレなら、「ん？」と思う程度かもしれませんが、そのズレが大きかったり、頻度が高くなると、違和感は増大し、やがてストレスに感じられるようになってしまうのです。

もちろん、世代間ギャップに限らず、同世代間であっても、ギャップは発生します。例えば、同級生と話をしていたって、特に波長が合わない人からの「○○がフツーだよね」みたいな発言に対して、「えっ、それってフツーじゃないよね？」という疑問を抱いた経験は誰にでもあるはずです。

ただ、この頭の中が、どんなふうに形成されていくのか、その形成過程を知ると世代間ギャップが、なぜ永遠の課題となっているのか、その理由をおわかりいただけるはずです。

もちろん、「この世代の特徴は、こうです！」みたいな決めつけをするつもりは全くありませんが、世代ごとの平均的な特徴というものは確実に存在します。

この後を読んでいただければ、「なるほどな」と納得できる部分は多いと思います。

頭の中（思考）は何の影響を受けるのか

皆さんは経験上よくご存じだと思いますが、私たちの頭の中（考え方の特徴）は、いろいろな物事の影響を受けながら形成されていきます。

どんな地域に生まれ、どんな親のもとで育ち、どんな人たちとお付き合いをして、どんな経験をしてきたか、それらは、私たちの考え方の特徴に大きな影響を与えます。具体的には、生活環境、エリア、生い立ち、人間関係（親、友人、教師など）、経歴、社会情勢（時代）、テレビや新聞などのメディア、教育などなど……。

これらの影響を多分に受けながら、私たちの頭の中は形成されていきます。同級生であっても、生活環境、人間関係、経験は異なります。だから前述のように同世代間であってもギャップは生まれるのです。

ただ、世代が同じだと必ず共有するものがあります。それが、社会情勢（時代）、テレビや新聞などのメディア、教育です。この共有部分（特に社会情勢）に着目をすると、各世代ごとの平均的な考え方の特徴が見えてきます。

頭の中は、いつ完成したのか

先述しましたが、管理職研修でもこの世代間ギャップの話をしています。

そこで私が受講者（四〇～五〇代が中心）に「私たちの頭の中は、いつ完成したのでしょう?」という質問をすると、二つの説が多く出てきます。

一つが思春期説。中学生や高校生などの多感な時期。

もう一つが、社会人になってからしばらく説。社会人になって数年もすると、一通りの経験をしますので、この頃までに、頭の中が完成したという説です。

若い皆さんは、どんな答えを思いつきましたか?

思春期説を唱える人もいるでしょうし、まだ形成過程にあると答える人もいるでしょう。

正解は、もっともっと早い時期です。意外なほど早い時期に私たちの頭の中が形成されてしまうことがわかっています。

心理学や脳科学では定説になっていますが、三歳までで六〇%、九～一〇歳までで九〇%が完成すると言われています。まさに「三つ子の魂百まで」なんですね。

九～一〇歳と言えば、小学校の三～四年生です。その頃と今を比較してみてください。まず人間関係ですが、九～一〇歳の頃と言えば、親や小学校の先生そして仲のよい友達を中心とした極めて狭い人間関係だったはずです。

次にエリアに関してですが、自転車には乗れました。数キロメートル離れた場所に行くことも可能ですが、日常生活においては、友達の家、近所の公園、よく行くお店程度の極めて限定されたエリア（数百メートル圏内）が主たる行動範囲だったはずです。

そんな極めて狭く限定された環境で培われた考え方の特徴が、あなたの頭の中のベースとなっているのです。

だから、同世代であっても、ギャップを感じてしまうケースは多々あるわけです。

そして、最も注目してほしいことがあります。

皆さんは、三歳の頃の記憶って定かですか？

もちろん個人差はありますが、ほとんどの人は、三歳の頃の記憶はハッキリしていないと思います。

私たちの考え方に強い影響を与えている出来事（社会情勢）を、これから時系列で、昭和時代から平成時代（一部、令和時代）まで振り返っていきます。「記憶になんかないですよ」という出来事も、たくさん出てくると思います。

でも、そんな全く記憶にもないことが、私たちの頭の中に大きな影響を与えているのだということだけは、まずおさえておいてください。

それでは今から、それぞれの世代が、どんな時代を生きてきたのかを振り返っていきましょう。

昭和の特徴①　高度経済成長期

昭和は、戦争そして戦後の復興・経済成長の時代と言われています。

四〇～六〇代は、さすがに戦争は知りませんが、戦後派の教師から、根性論を代表とした軍国主義の名残のような教育の影響は受けています。

でも、四〇～六〇代の管理職や経営陣に最も強い影響を与えているのは、戦後の経済成長です。

皆さんも歴史の教科書等で見たことはあると思いますが、まず特筆すべきは「高度経

1955-1973 年	高度経済成長期
1960 年代	池田内閣　所得倍増計画
1964 年	東京オリンピック
1970 年代	田中内閣　日本列島改造論
1980 年代後半	バブル景気

昭和という時代

済成長期」です。

一九五五〜七三年までの一九年間、年平均で一〇%という右肩上がりの驚異的な成長をしていた時期です。

この成長は政治主導によるものであり、国民総出のイベントだったとも言えます。国民全体が一丸となって経済的な豊かさを目指して、邁進《まいしん》していた時期だったのです。

まず、この成長を牽引《けんいん》したのは池田勇人《はやと》内閣による「所得倍増計画」です。

具体的な内容は、一九六一年からの一〇年間でGNP（国民総生産）を倍にするというシンプルかつ壮大な計画です。

私は研修の冒頭で、唐突に「直感で答えてください」と前置きをして、次のような質問をしています。

この「所得倍増計画」は成功したと思いますか、それとも失敗したと思いますか。

管理職以上の研修では、八割〜全員が「成功した」に手を挙げます。

一方、新入社員をはじめとした若手社員の研修では、ほぼ全員が「失敗した」に手を挙げます。

とても面白いことに、もうこの段階で頭の中の違いが如実に表れているのです。

今の若い人たちは、三〇年以上という長期にわたって、経済成長率は良くて一桁前半、悪いときはマイナスで、給与水準もほとんど変わらない時代を生きてきました。

経済アナリストの森永卓郎さんによれば、現状の手取り収入は、消費税もカウントすると一九八八年よりも低いそうです。

そして、選挙のときだけ掲げられる「マニフェスト」という名の美辞麗句を、ほとんど実現してくれない政治の現状も見てきています。

だから、若い人たちは直感で「所得倍増計画」なんて政治家お得意の大言壮語であって、「失敗したに決まっている」と判断するのでしょう。

実は、この所得倍計画は、大成功しています。たった四年で達成し、一〇年後のGNP（国民総生産）は、約四倍にまで達していたのです。

もちろんインフレ率も高く、数字のマジック的な部分も多分にあります。

国民一人一人の購買能力が四倍に跳ね上がったなんてことは絶対にありませんが、それでも一九年間も右肩上がりの好景気を体験したということは、特に五〇代以上の昭和世代の考え方、そして潜在意識に強烈な影響を与えているはずです。

所得倍増計画は国民一人一人を豊かにすることに寄与し、東京オリンピック開催は首都である東京を中心としたインフラの整備につながりました。

そして、田中角栄内閣の日本列島改造論によって、東京だけでなく、日本のどこに住んでいても、豊かさと便利さを実感できる国になっていったのです。

さらに、バブル期になると、日本企業は海外企業や海外不動産を買収していきました。

このように、日本という国も、私たち国民も、どんどん豊かになっていったのが昭和という時代なのです。

政治も今とは大きく異なります。

強い信念を持ち、強力なリーダーシップを発揮して、有言実行どころか、より高いレベルで政策を実現してくれたのが、昭和時代の総理大臣でした。

一方、今の時代は、説明する必要もないでしょう。もう皆さんご存じの通りです。

若い人たちの政治に対する無力感や無関心も、このような時代背景や政治家の力量の違いが影響を与えていると私は感じています。

昭和の特徴② 第二次ベビーブーム

もう一つの昭和の特徴は、一九七一年～一九七四年の第二次ベビーブームに象徴されるように、子供の数が多かったということです。

今と比べると約三倍も子供の数が多かったのです。

その結果、激しい競争を勝ち抜く必要がありました。ボーッとしていると同級生に負け、取り残されてしまったのです。

一方、平成時代の「ゆとり教育」のピーク時には、運動会の徒競走で順位をつけない学校もありました。幼少期にこのような経験をした人は、「競争」に対する感覚が昭和世代と大きく異なるため、昭和のおじさんやおばさんは、ガツガツしているように感じられるかもしれません。

子供の数が多い時代には、もう一つ特徴があります。

家庭でも、学校でも、そして会社でも雑に扱われました。

今は少子化の時代であることに加え、ハラスメントの種類が実に豊富で多岐にわたる時代になり、ハラスメントには厳しく対処されますから、皆さんはとても丁寧に扱われてきたと思います（もちろん昭和時代と比較したらという話なので、実感していない人も多いかもしれませんが……）。

昭和の時代は、丁寧に教えてもらえる機会は非常に少なかったです。会社に入ると、昭和時代の新入社員は、「いいから、やれ」「自分で考えろ」「先輩の背中を見て学べ」という指導が当たり前だったのです。

しかも、ハラスメントという概念も希薄でしたので、私が入社した会社では、先輩や上司に職場の不満をこぼすと、即答で「だったら辞めろ」と平気で言われました。

もし昭和世代の管理職社員がマネジメントや指導方法に関する教育や研修を受けていなければ、何の疑問もなく（そして困ったことに全く悪気もなく）、自分がされてきたのと同じように今の若い人たちを指導してしまいます。

知らないというのは、とても怖いことです。だから、教育や研修は、いくつになっても必要なものなのです。

平成の特徴①

昭和は、戦争そして戦後の復興・経済成長の時代でした。

平成は戦争のない平和な時代でしたが、自然災害が多発しました。

また、地下鉄サリン事件、9・11同時多発テロなど、非常にショッキングな事件も発生しましたし、リーマン・ショックのような世界的規模の経済不況も経験しています。

自然災害やテロは、発生後も長期にわたって、私たちの頭の中に強い影響を与えました。

今でも、お盆休みや年末年始の報道特集番組で、たびたびその映像が流されますが、以前は報道の規制が緩かったため、今以上にテロや自然災害の映像を見る機会は多かったのです。

三歳や九〜一〇歳という幼少期に、テレビでこのような映像をたびたび見てしまったら、強烈な恐怖体験となって潜在意識に焼き付いてしまうことでしょう。

1995 年（平成 7 年）	阪神・淡路大震災
1995 年（平成 7 年）	地下鉄サリン事件
2001 年（平成 13 年）	9.11 同時多発テロ
2004 年（平成 16 年）	スマトラ島沖地震
2008 年（平成 20 年）	リーマン・ショック
2011 年（平成 23 年）	東日本大震災
2014 年（平成 26 年）	広島市土砂災害
2016 年（平成 28 年）	熊本地震
2018 年（平成 30 年）	西日本豪雨
2018 年（平成 30 年）	北海道胆振東部地震
2019 年（令和元年）	台風 19 号
2020 年（令和 2 年）	新型コロナウイルスの流行
2022 年（令和 4 年）	ロシアのウクライナ侵攻
2024 年（令和 6 年）	能登半島地震

平成という時代

私は、たまたま9・11同時多発テロの映像をリアルタイムで見ていました。映画でも見たことのないショッキングな光景を前に、頭皮にまで鳥肌が立ったことを今でも鮮明に覚えています。当時三〇歳を過ぎていた私が見ても、それほどのショックを受けたのです。

リアルタイムでなくても、たびたびテレビで流されることとなるあのショッキングな映像を、幼少期に見てしまったら、相当なトラウマとなってしまうことでしょう。

大地震をはじめとした自然災害、経済不況やテロは、すべて自分の努力ではどうにもならないことです。

令和の時代に突入しても、新型コロナウイルスの流行、ロシアのウクライナ侵攻による物価高、能登半島地震と災難は続きます。

このような不可抗力ともいえる不測の事態によって、平成生まれの若者世代は翻弄され、場合によっては人生の軌道修正を余儀なくされてきました。

読者の皆さんは、人生で最も大切で多感な時期にコロナ禍の影響をもろに受け、さまざまな制約を余儀なくされてきたのではないでしょうか。自分の努力では、どうにも解決できない歯がゆい経験をたくさんされてきたと思います。

出たとこ勝負で、お気楽思考の人が多い昭和世代と比べ、平成生まれの若い人たちは、冷静で現実的だと言われます。

頭の中が形成される幼少期に多くの自然災害を見聞きし、物心ついてからの多感な時期にも未知のウイルスのパンデミックなど、次々と襲いかかる不測の事態を実際に体験してしまえば、潜在意識と顕在意識の両方にネガティブな出来事が焼き付いてしまいます。

そんな若者世代が、何が起こるかわからない不安な将来に備え、慎重に考え行動したり、計画的に貯蓄や資格取得に励むことは、至って自然で合理的なことだと思います。

平成の特徴②

新入社員をはじめとした若手社員研修時に、受講者から、こんな声をいただきました。

「マスコミもそうですが、内田さんたち昭和世代は平成を自然災害の時代と言いますが、平成は消費税の時代でもあるんです」

正直なところ消費税は私にとって盲点でしたので、これは、とてもありがたいご指摘でした。

一九八九年（平成元年）に竹下登内閣によって導入された消費税は三％でしたが、一九九七年（平成九年）には五％、二〇一四年（平成二六年）には八％、二〇一九年（令和元年）には一〇％と増税されていきました。

研修中に二〇代の若手社員から、こんな発言を聞いたことがありました。

「昭和の時代はいいですよね。国が主導して国民一人一人を豊かにしてくれたんですものね。所得倍増計画ですか。なんて素敵な政策なんでしょう。私たちの時代は、消費税倍増計画ですよ。私たちが日々の日常で駄菓子を買うときにも、お年玉を貯めて高額なオモチャを買うような特別な場面でも、国は幼い私たちから税金を徴収してきたんです。そして、その大切なお金を国の財政を逼迫《ひっぱく》させている張本人である高齢者にばらまいているんですよ」

この消費税導入と高齢者の優遇は、若者の声が全く反映されない政治（シルバー民主主義）、そして若者が恩恵を受けない政策を象徴している出来事です。

1989 年（平成元年）	3%
1997 年（平成 9 年）	5%
2014 年（平成 26 年）	8%
2019 年（令和元年）	10%

消費税率の推移

これらが、若者の政治不信、政治に対する失望、あきらめ、無関心につながっているのではないかと指摘してくれた若手社員もいました。

さらに、若手社員から、こんな声を聴いたこともあります。

「就職して初めて給与明細を見たとき、天引きされている金額の多さに思わずため息がもれました」

この発言にも納得です。

所得に占める税金や社会保険料の負担割合を示す「国民負担率」は、四七・五%（令和五年）です。この国民負担率の高さが、前述（二三ページ）の「現状の手取り収入は、消費税もカウントすると一九八八年よりも低い」につながっているわけです。

若者の投資人口が急増傾向にあり、早期から資産形成に取り組む積極的な姿勢が数々の調査結果から明らかになっています。

自衛的な意味も含め、少しでも資産を増やそうとする若者たちの投資熱の高さも、私には納得がいきますし、理にかなった行動だと感じています。

それぞれの特徴

本書では一貫して、どちらが良いとか悪いとか、そういう判断は一切しません。

ただ、このように生きてきた時代に着目をすると、あくまでも「平均的な」という限定はつきますが、それぞれの世代が持つ考え方の特徴が浮き彫りになってきます。

昭和の経済成長って、ハッキリ言ってしまえば、運にも恵まれていたのです。

石油ショックで中断されるまでの一九年間、大地震を代表とするネガティブな外部要因によって経済成長に水を差されることがありませんでした。

私が幼少期、関東大震災級の東海地震がいつ起きてもおかしくないと言われていましたが、結局、いまだに発生していません。それどころか、東海地震は死語になってしまった感すらあります。

この「幸運」を体験したことによって、若い人たちからすると、昭和世代は理想主義が強く、また「なんとかなる」みたいな根拠のない楽観視をするお気楽思考の人が多いように感じられてしまうのではないかと、私は思っています。

そして、昭和という時代は、がんばれば報われた時代とも言えます。

この「努力が報われた」という経験から、もちろん全員ではありませんが、昭和世代はがんばることが苦ではない人が多いです。私もそうなのですが、残業も休日出勤もあまり苦には感じません。有給休暇を消化する方が、はるかに苦だったりするのです。

先ほど同級生の数が多かったことから、雑に扱われたと書きました。そこから打たれ強さが生まれたと考えることもできますが、見方を変えれば、ずぼらで無神経な人の比率が高い世代とも言えます。

あくまでも昭和と比較すればという話ですが、平成生まれの若者世代は、自分の努力ではどうにもならない不可抗力とも言えるネガティブな出来事を多く体験しています。コロナ禍ひとつを例にとっても、フツーの日常が決して当たり前ではない体験もしていますし、リモートの普及など日常が急速に変化している時代を生きています。

そのような体験から、何が起こるかわからない不安な未来に計画的に備える傾向が若者世代に強くあらわれているような気がします。

昭和世代に研修をしていると平成生まれの若者を表すキーワードして、「冷静」「慎重」「現実主義」「合理的」「備える」「安定を求める」が出てきます。

対照的とも言える昭和世代と平成世代の価値観の違いを象徴するものとして、人気の職業ランキングを挙げることができます。

右肩上がりの好景気を体験したせいか、昭和世代は、冒険心が旺盛で刺激を求める人が多かったのでしょうか。昭和世代が就職活動をしていた頃（特にバブル崩壊前後の一九九三年くらいまで）、安定した公務員は人気が低い職業でした。

一方、フツーの日常が当たり前でない時代を生きてきた平成世代は、安定に憧れがあるのでしょうか。今や公務員は人気が高い職業になっています。

余談になりますが、二〇代後半の女性が、私の研修受講直後に、興奮気味に話してくれたことがあります。

「内田さんの研修を受けて初めて気づいたことがあります。私の父親の口癖は「とりあえず、がんばれ」なんです。幼い頃から、ことあるごとに私にその言葉をかけてきました。私にとっては、ネガティブフレーズ以外の何物でもありませんでした。何で実の娘にそんな無責任で根拠のない発言を連発して、無理を強いるのか、全くもって意味不明だったのです。今日、内田さんの研修を受けて、父親には全く悪気なんかなく、それどころか純粋に私を励ます言葉だったのだと初めて気づきました。一〇〇%善意で娘である私のことを思って言ってくれていたんですね」

発言や行動の意図、または真意を知ることができれば、もう少しお互いの世代がわかり合えるのではないかと、私は彼女のこの発言によって改めて強く感じました。

日本の会社員は教育を受けていない

皆さんは、人材育成に関して日米の企業を比較したとき、こんなふうに考えていませんか。

アメリカは自己責任の社会なので、企業もドライでシビア。無慈悲にリストラを敢行するなど、労働力は使い捨て。だから、教育も社員一人一人の自主性に任せるなど、その部分にお金を使わない。

一方、日本企業は、就活時にも福利厚生と教育制度の充実をアピールするし、最近では「人的資本経営」がトレンドワードになっていることもあり、従業員一人一人を大切にしている。だから、教育にも惜しみなくお金を使ってくれている。

実はこれ、誤った思い込みなんです。

とてもショッキングなデータがあります。

企業が研修など社員の能力開発にどれだけ投資したかを国別（アメリカ、フランス、ドイツ、イタリア、イギリス、日本）で比較したデータがあります。

日本の企業が従業員の教育にかける金額は、これら六カ国の中で突出して少なく、何

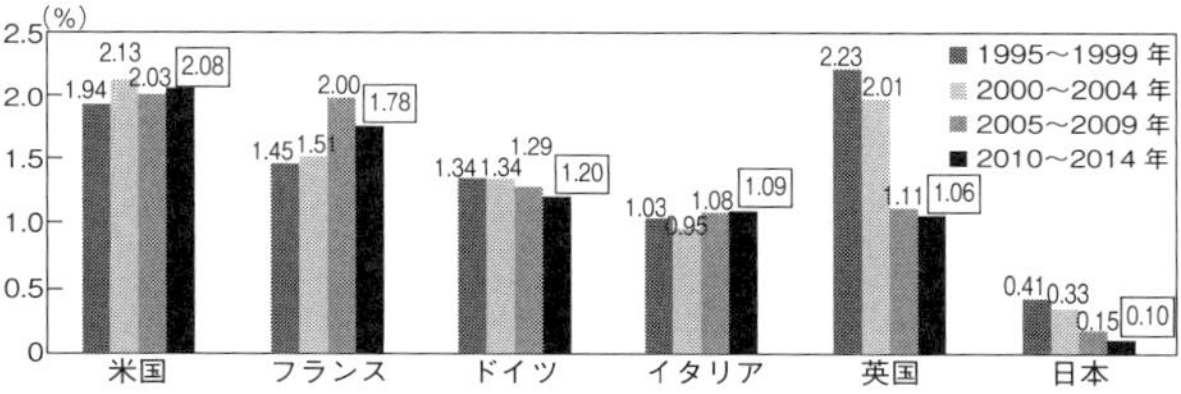

資料出所　内閣府「国民経済計算」、JIP データベース、INTAN-Invest database を利用して学習院大学経済学部宮川努教授が推計したデータをもとに作成

（注）能力開発費が実質 GDP に占める割合の5箇年平均の推移を示している。なお、ここでは能力開発費は企業内外の研修費用等を示す OFF-JT の額を指し、OJT に要する費用は含まない。

人材投資の国際比較（厚生労働省「労働経済の分析」平成 30 年版より）

とアメリカの二〇分の一以下なのです。

しかも、一九九〇年代の半ばから、人材にかける金額は年々減少し続けていて、一五年で何と四分の一にまで削減されています。

最近はどの企業も福利厚生と教育システムの充実が、就活生に対するアピールポイントになっているようですが、これが実態なのです。

日本企業は教育にお金をかけていないのに、なぜアピールするのかというと、一応、形だけの研修は実施しているからです。

そして、もう一つは人事部の研修担当者が勉強不足なため、このような実態を知らないのです。形だけやっているので、やっている気になっているだけです。

形だけとは、どういうことかというと、まず最近の流行は、eラーニングの導入です。

また、これは以前からありますが、研修の講師を社員に任せています。内製化という表現を使う企業もあります。その根底には、いまだに研修を投資と考えず、コスト（費用）と考えている企業が多く、なるべくお金をかけないようにしているのです。

そして助成制度というものもあります。実は日本企業の方が、社員の自主性に任せてしまっているのです。つまり、受けたい研修を自分で見つけて、受けてきなさい。そうしたら、会社から研修費の全額または一部を補助しますという制度です。

社外講師（外部講師）による研修を実施している企業であっても、そのほとんどが思いつきの研修です。計画的、体系的、継続的に研修をしている企業なんて、もう本当に僅かしかありません。

もちろん、eラーニングや社内講師にも、メリットはたくさんあります。否定する気は全くありません。

大事なのは、eラーニング、社内講師、社外講師（外部講師）、この三つのバランス、そして、どんな内容または手法の研修を受けているかです。

外部講師にも問題がある

社外講師（外部講師）による研修が良いのかと言うと、そうでもないのです。私は二〇年以上も研修業界にいる研修のプロですので、この業界をよく知り尽くしています。ひどい実態を包み隠さずお伝えします。

内容こそアップデートされてはいても、手法がアップデートされていない時代遅れの研修が大半です。

私は「シャンシャン研修」と名づけているのですが、いまだに三〇年以上前と同じスタイルの研修をしています。

恐らく皆さんも入社後、研修と言えば、ほぼ確実にこのスタイルの研修を経験することとなるでしょう。

まず、エージェント会社から派遣されてくる雇われ研修講師は勉強不足の人が多く、業界ごとに異なる特徴や特殊性を全く把握していないため、当たり障りのない一般論を展開します。受講者に全く刺さらないのです。

その後、研修講師は、参加者を四人から六人のグループに分け、テーマを与え、グループディスカッションと称して、一時間以上も（場合によっては数時間も）放置します。

その間、ひどい講師になるとお客様である企業側に用意させた講師用の控え室にこもりスタバのコーヒーをすすりながら、SNSに投稿するなど暇つぶしをしています。

受講者は研修講師から、時間内に大きな模造紙にマジックでディスカッションの内容をまとめるよう指示を受けています。

発表前提のグループワークですから、内容によっては、本音の話ができなくなってしまいます。

もちろん受講者は十分に賢いので、講師が求めている答えや講師が喜びそうな答えを知っています。

自然と日本人特有の忖度《そんたく》が働いてしまうのです。

だから、模造紙に書き出された内容は、本音ではなく建前ばかりです。

そして、ディスカッション終了後、それぞれのグループが順番に、みんなの前で模造紙に書いた内容を発表するのです。

講師は、それぞれの発表に対して、「よく吟味された素晴らしい内容ですね」みたいな、どんな内容の発表であっても通用する、当たり障りのないコメントをします。

みんなで拍手して、終わり。次のグループの発表に移り、全グループの発表が終わるまで、延々と同じことが続きます。

このような「シャンシャン研修（いわゆる出来レース的な研修）」が常態化しているのが現状です。

あまりの馬鹿馬鹿しさに、管理職クラスになると途中で退出してしまう人もいるくらいです。

実は、内製化された社員による研修も、ほぼ全てが、いまだにこの手法で行われています。

こんな研修を一度でも受けたら、「研修＝時間の無駄」と思うようになってしまっても仕方ありません。いわゆる、研修アレルギーの人（研修に激しい抵抗を示す人）が多いのも、こんな現状がまかり通っているからです。

そして最も困るのが、上司がこのような研修を長年にわたって受け続けていると、部下が研修を受けることにも否定的になってしまうことです。

ちゃんとした知識と経験、スキルを持った講師が少なすぎる。それが研修業界の残念な実態なのです。

そして、もう一つ、こんな思い込みをしている人はいませんか。

大企業になればなるほど教育体制がしっかりしている。

これも誤った思い込みです。

企業の規模は関係なく、経営者や研修担当部署（特にその責任者や担当者）の意識に左右されます。

継続して計画的かつ体系的な研修を実施している企業は、ごくごく一部の少数です。

経営者や研修担当者が代われば、方針や熱量もガラッと変わってしまうなんてことはフツーです。それくらいに日本の企業は、社員教育に関して無関心で一貫性がありません。

こんなことだから、多くの日本企業が、どんどん国際的な競争力を失っているのです。

もし、OB・OG訪問やインターンのとき、先輩社員や管理職が「研修なんて意味がない」とか「時間の無駄」と言っている人が多かったら、こういうお粗末な研修しか受けていない可能性大です。

就活中や転職活動中の人は、自分たちが、どんな教育や研修を受けられるのかという点に関心が向かいがちです。

でも、もしあなたが今、企業選びをしているとか、インターン中であるのなら、先輩社員や上司が、どんな教育や研修を受けているのかも知っておいた方が絶対にいいです。

なぜなら、各企業の教育や研修への取り組みは、その企業の今後の成長を占うバロメーターになるからです。

また、先輩社員や上司が、どんな教育や研修を受けているかは、先輩社員のプロジェクト遂行能力や上司のマネジメント能力などに直結しますので、入社後のあなたにダイレクトに関係してきます。

こういった裏情報も、ぜひ会社選びの参考にしてみてください。

インタビュー①　原岡恵子《はらおかけいこ》さん

ご略歴：大分県出身　慶應義塾大学法学部を卒業。

一九九一年、日本鋼管（現JFEエンジニアリング）に初の事務系女性総合職として入社。二〇一〇～一六年まで人事部に所属、その間、二〇一三～一六年まで三年半、人事部長を務められました。

現在、JFEエンジニアリング常務執行役員　経営企画部長。

JFEエンジニアリング：サンドウィッチマンのお二人が出演する『サス鉄ナブル』のCMでお馴染みのJFEホールディングス。

同社を支える事業会社であるJFEエンジニアリングは、鉄鋼業・造船業を源流として、その技術を融合・進化させながら、エネルギー・環境分野や社会インフラ分野などにおいて、人々の生活と産業を支える総合エンジニアリング会社です。

就職活動前や就職活動中の読者もいらっしゃると思いますので、原岡さんが人事部で採用担当をされていたとき、面接時、どんなところに着目をしていたか。その他、エピソードや若い人たちに向けたアドバイスをお聴きしました。

内田　他社の採用担当課長で自己管理ができているか否かの判断材料として、歯を見るようにしているとお聴きしたことがあります。原岡さん独自の視点として、ここを見るようにしているという部分はありますか？

原岡さん　もちろん第一印象として、服装などの身だしなみも気になりますが、自然と手元に目が行きます。爪の状態や指先の傷など、手元に精神状態や日頃の生活が表れやすいと思っています。

その他、例えば手書きの履歴書であれば、書かれた文字、押印が真っ直ぐかどうか、そういう細部に人となりが反映されると感じています。

これらは合否に直結するものではありませんが、ストレス耐性や仕事に対する姿勢等の面で気になるため、さまざまな質疑応答の中で確認するようにしていました。

もう一点、周囲に目を配れる人かどうか、その部分は重要視していました。

例えば、面接時に自分自身の研究テーマをとうとうと語ることはできても、「同じゼミの仲間は、どんなテーマを扱っていましたか」と質問すると、きちんと説明できない人もいます。

このように自分のことだけで精一杯の人は、チームワークを重視する会社では、採用されにくいと思います。

内田　何か面白いエピソード等あればお聴きしたいのですが……。

原岡さん　私が人事部長時代にキャリア採用面接をしたときの話です。

当時は、まだ弊社のようなメーカーの管理職は、男性という固定観念があったのだと思います。

待合室でいろいろな案内をしていた私のことを庶務担当の事務員だと思い込んでいた人がいて、私に対して、かなりぞんざいな態度を取っていました。

その後、面接になり、人事部長の席に座っている私を見て、ギョッとした表情を浮かべていました。その方は弊社にはご縁がなかったですね（笑）。

人によって態度を変える人、裏表の激しい人も、どこかで見破られてしまうと思います。

内田　就活中の学生さんに、何かアドバイスがあれば、ぜひお聴かせください。

原岡さん　採用した社員を見ていて感じることがあります。面接のときの印象と実際に入社してからの印象が一致している人は、活き活きと仕事をしています。その反対は、周囲に馴染《なじ》めなかったり、すぐに辞めてしまう人が多いです。

取り繕ったり、背伸びしたり、無理をした自分を見せるのではなく、面接のときには、なるべく素のまま、ありのままの自分で臨み、それで採用となる会社に就職した方がいいと思っています。

それと今の時代は就職活動に当たって自己分析をしっかりしているせいか、自分を型にはめてしまい、キャリアパスを決めつけてしまっている人が多いように感じます。

でもルートはたくさんあり得ますし、ましてや数十年先のゴールなんて変わるかもしれません。

ですから、まずは感性豊かな若いうちに、プライベートも含めて、いろいろなことに興味を持ってチャレンジし、人間性を高めつつ、たくさんの引き出しを作って選択肢を増やしておくとよいと思います。

第2章　知っておいてほしいこと

何事も、まずは頭で理解して納得できていないと、行動に移すことは難しいと思います。

第3章で「ぜひ実践してほしいこと」をご紹介する前に、まずは職業や職種を問わず普遍的な知識として「知っておいてほしいこと」を本章ではご紹介していきます。

皆さんにとって有益な情報となるはずです。

＝を≠にする

第2章の目的は、私たちの頭の中にある思い込みを変換またはアップデートすることです。図式で表すと、私たちの頭の中にある＝を≠にする作業になります。

例えば、「失敗＝評価が下がる」と考えている人が多いと思いますが、これは誤った思い込みです。

では、何があなたの評価を著しく低下させてしまうかというと、失敗そのものではなく、失敗したときのまずい対応です。

具体的には、失敗したのに謝らない、言い訳ばかりしている、誰かのせいにしてしまう（責任転嫁）など、これらの行為が、あなたの評価を著しく低下させてしまいます。

つまり、「失敗したときのまずい対応＝評価が下がる」という図式が成立するのです。

私も若い頃は、失敗をネガティブなものとして捉え、その結果、失敗を過度に怖《おそ》れていた時期がありました。すると、失敗したとき、それを隠したり、誤魔化そうとしがちです。

ところが、社会人として経験を積むにつれ、人間が行っていることにはミスや失敗はつきものであり、そこから得られるものも多いということを学びました。また、失敗は、ちゃんと行動している証《あかし》でもあるのです。

四〇～六〇代の昭和世代は、失敗に関して、意外なほど寛容です。失敗をネガティブにとらえる人は少なく、むしろ、学び、改善、成長の機会といったポジティブな解釈をする人が多いです。

事実、管理職に研修やコーチングをしていても、以下のような発言をよく聴きます。

「若手社員がするミスや失敗は、ほぼ一〇〇%が想定の範囲内です。腹が立つことはありません。ただ、それを隠されたり、誤魔化されたりすると非常に困ります」

経営学者のピーター・ドラッカーは言いました。「人は優れているほど多くの間違いをおかす。優れている人ほど新しいことを行うからである」

私たちは誤った思い込みを、たくさん抱えています。また、学生の時には＝だったことが、社会人になった途端に≠になってしまうことも多々あります。

第2章では、その部分を扱っていきます。

時間に関する考え方をアップデートする

人は生まれながらにして不平等です。ただ一つだけ、平等に与えられているものがあります。それが時間です。

この万人に平等に与えられている時間をどう使うかは、今後の皆さんの人生を大きく左右すると言っても過言ではありません。

まえがきでも触れましたが、まずは時間に関する意識、そして使い方を社会人バージョンにアップデートしていきましょう。

学生時代の感覚では、ひとつの大きな区切りとも言える「中長期」に該当する年数は、三～五年くらいになると思います。

社会人になると、その区切りは、五～一〇年になります。

社会人にとって三年は「中長期」ではなく「短期」に分類されると言えます。

実際、入社三～五年目社員の人たちに研修やコーチングをしていると、ほぼ全員が「入社してから今日まで、あっという間でした」と言います。

これは一般論としてご存じだと思いますが、歳を取れば取るほど、時間の流れが速く感じられるようになります。

このことは、皆さんも小学生時代の一年間と今の一年間では、時間の経過の速さが明らかに異なっていることからも、実感できると思います。

今後、時の流れの速さに関する感覚は、年齢に比例的ではなく、指数関数的に加速していきます。四〇歳を過ぎると恐怖すら感じるくらいです。

人生一〇〇年時代に突入しました。皆さんの世代は、定年退職を迎える年齢は七〇歳以上になるでしょう。二〇代前半で就職すれば、約五〇年という気の遠くなるような年月を社会人として過ごすこととなります。

すると一〇~二〇年という視点も、どこかに持ちながら、これからのキャリアパスを含めた人生設計が必要になります。

時間管理に抱く悪い印象

新入社員をはじめとした若手社員向けの研修だけでなく、ベテラン社員の研修、そして管理職の研修をしていても、「今から時間管理の話をします」と私が言うと、たいてい受講者は嫌な顔をします。

その理由は、多くの人が時間管理という言葉に対してマイナスの印象を抱いているからです。

ざっくりの分類になりますが、時間管理に関して「良い印象」と「悪い印象」どちらの印象が強いか二者択一の質問をして、手をあげてもらうと、年齢、職種、役職に関係なく、七〜八割の人が、「悪い印象」の方に手をあげます。

理由を訊《き》くと、たいてい「どうせ効率の話をするんでしょ」という答えが返ってきます。

効率ではなく効果に焦点を当てる

今から時間管理の話をしていきますが、効率重視の話を展開するつもりはありません。

今後、社会に出ると、皆さんは「効率」という言葉を嫌というほど耳にすることになるでしょう。

効率とは、簡単に言うと、できるだけ少ない時間内に、できるだけ多くの仕事をこなすことです。手っ取り早く成果をあげるためには、とっても良い方法です。

もちろん、私は効率を否定する気はありません。

ただ、前述の通り約五〇年という気が遠くなるような長い年月を効率のみを追求して働き続けたら、私たちはどうなってしまうでしょうか。

想像しただけで、うんざりした気分になってしまいませんか。

はじめから年限が決まっていれば（例えば、三年とか五年くらいであれば）、効率重視でもギリギリ耐えることができるでしょう。

実際に、プラント建設など大規模なプロジェクトに携わる人は、五年くらい効率のみを追求して働き続けなくてはならないこともあります。

でも、それ以上の年月を効率のみを追求して働けば、たぶん体を壊してしまいます。体だけでなく、メンタルにも不調をきたしてしまうでしょう。

そして、ここからが一番大事なことなのですが、皆さんには仕事以上に大切なことがあります。そして、大切な人がいるはずです。そこに時間を使うことができなくなってしまったら、遅かれ早かれ、すべてが足もとから崩れ、仕事どころではなくなってしまうでしょう。

今からする時間管理の話は「効率」ではなく、「効果」に焦点を当てていきます。

本書における「効果」は、「良い結果を長く続かせる」という意味で使います。

「効率」は、手っ取り早く成果をあげるには良い方法なのですが、その良い結果を長く続かせることは困難です。

「効果」は、長く続かせることに着目しています。

「長く」は先ほどの復習になりますが、三年とか五年ではありません。

私が想定している「長く」の期間は、最低でも一〇年以上、できれば死ぬまで、よい結果を続かせるには、どんなことを重視して、どんな時間の使い方をしたらいいのか、そこに焦点を当てて時間管理の話をさせていただきます。

時間管理の四つの領域

今から私たちが行っているあらゆる活動を四つの領域に分類していきます。

縦軸を重要度、横軸を緊急度にした四つの領域です。

縦軸は上に矢印が向かっていますので、上に行けば行くほど重要度が高まります。

横軸は左に矢印が向かっています。左に行けば行くほど、緊急度が高いことを意味しています。

それぞれの領域には数字が記してありますが、左上が第1領域です。重要度と緊急度ともに高い事柄が、ここに分類されます。

私生活であれば、突然の事故や病気、故障したスマホの修理が代表例になります。

仕事であれば、締め切りが迫った重要書類の作成、トラブルや災害の処理、お客様からのクレーム対応などが、ここに分類されます。

右上が第2領域です。重要度は高いのですが、緊急度は低い事柄が、ここに分類されます。

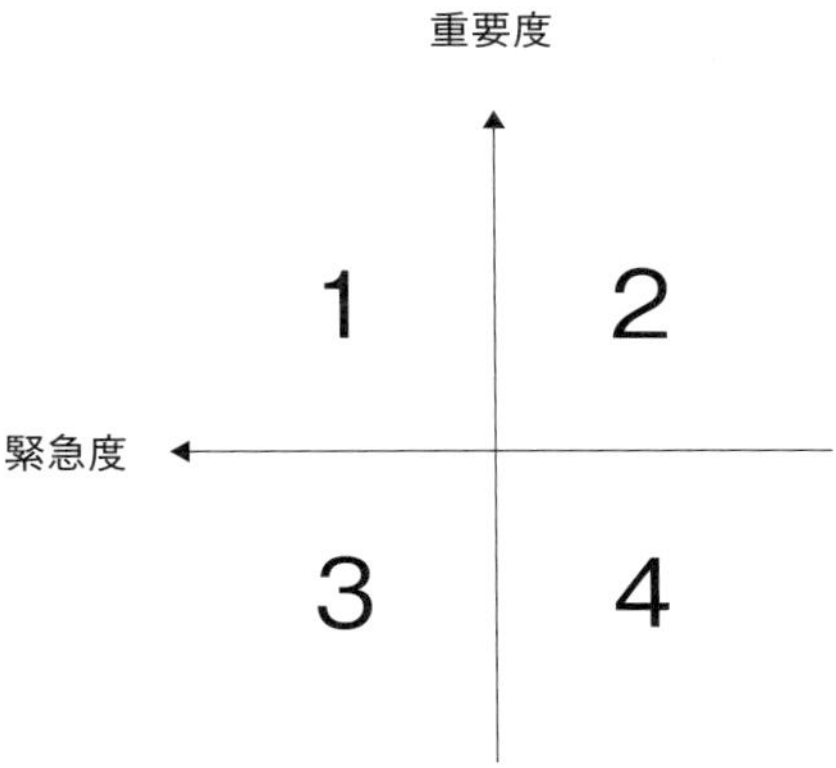

時間管理の４つの領域

具体例として、私生活であれば、十分な睡眠、適度な運動、良質の食事を取ることといった健康管理や体力の維持に関する事柄が挙げられます。その他には、趣味の充実、大切な人と過ごす時間など、皆さんの心と体の両方を充実させる活動がここに分類されます。

仕事であれば、自己啓発、教育や研修、メンテナンス作業、ファイリング、整理整頓などが、ここに分類されます。

左下は第3領域です。重要度は低いのですが、緊急度は高い事柄です。

ここが一番具体例をイメージすることが難しいと思います。

私たちの集中力を中断させてしまうさまざまな妨害が、この第3領域の代表例になります。

私生活であれば、突然、ドアベルが鳴ったので対応したら、職場であれば、外線電話に対応したら、全く不要なセールスだった場面が挙げられます。

その他、職場の例として、声の大きい人や圧の強い人が、急いで資料を作るように命じてきたのですが、これって本当に必要な資料なの？　そんな疑問を持ちながら、しぶしぶ仕事に取り組むことがあります。これも第3領域に分類されます。

右下は第4領域です。重要度と緊急度ともに低い事柄が分類されます。

これは、いわゆる暇つぶしや逃避と言われるもので、長時間のゲーム、スマホ、LINEやチャット、テレビ・X（旧Twitter）・YouTube・Instagram・TikTok、過剰なお酒・タバコ・ギャンブルなどが挙げられます。

短時間や適度であれば問題はありませんが、長時間や過剰となると第4領域に分類されてしまいます。時間やお金の無駄づかいになることが多く、結果的には自分にとってプラスにならないことです。

先ほどもお伝えしたように「効果」に着目をしたとき、つまり良い結果を半永久的に続かせるためには、どの領域に意識を向け、時間を使ったら良いでしょうか？

健康管理に喩えると理解しやすい

もう、おわかりですよね。答えは、第2領域です。

この第2領域の重要性は、健康管理に喩えるとわかりやすいと思います。

健康管理に喩《たと》えると第1領域は「治療」、第2領域は「予防」になります。

歯の健康をイメージしていただければ、一番わかりやすいと思います。

日頃から、食後にちゃんと歯磨きをしたり、定期的に歯科検診を受け、歯垢《しこう》の除去をしてもらうなど、第2領域という予防にしっかりと時間やお金を使っていれば、第1領域の治療が必要になる機会を自分の行動によってコントロールすることができます。

ただ一つだけ残念な現実があります。いくら第2領域つまり予防をしっかりしていたとしても、治療が必要になることはあります。

でも、日頃からちゃんと予防をしていれば、実際に治療が必要になったとしても、痛い思いをしなくて済みます。時間もお金も、あまりかからないでしょう。

ところが日頃から全く予防をせず、いきなり治療となると、痛い思いをします。時間もお金もかかることになってしまいます。

第2領域は、先手を打つ、または先行投資という発想です。

仕事であれば、この件、ちょっとヤバい気がする……。直感で何か異変を感じたとき、まだ時間的に余裕のある段階、つまり第2領域で、早め早めに対応すれば、未然にトラブルを防ぐことができます。

具体的には、責任者に電話をして、確認をするなど、ちょっとしたことです。

でも、多くの人が、そんなちょっとした手間を惜しみ、「まぁ、いっか」みたいに軽く考え、気づかなかったことにして仕事を進めてしまうのです。

すると後々、それが大きなトラブルに発展してしまうことがあります。そうなってしまったら、もう責任者に電話で確認すればいいなんて問題ではなくなってしまいます。

その解決に向けて、多大な時間とエネルギーが必要になってしまうのです。

第2領域は、「ひと手間を惜しまない」「気づいたときに、すぐ手を打つ」、この二点がポイントとなります。

第2領域は即効性がない

第2領域には、意識の高い人ほど陥りやすい落とし穴があります。

私が新入社員をはじめとした若手社員向けの研修で、この時間管理の話をすると、ときどき、こういう人がいます。

改めて第2領域の重要性を再認識すると、気合いが入ってしまうのか、土日の週末に、どちらかほぼ丸一日、第2領域に時間を使ってしまうのです。

なぜ私が、歯の健康を例に挙げたのかというと、この即効性がないことを最も実感しやすいと思ったからです。

今日から歯磨きに毎日二時間を費やしたところで、何もプラスはありません。それどころか歯茎を痛めてしまうことになります。

少しずつでいいのです。第2領域に該当する事柄は、毎日コツコツと長く続ける。その意識と習慣化が大事です。

第2領域の最大の特徴は、即効性がないことです。

私たちは、とかく即効性を求めがちです。即効性がないと、何だかコツコツと続けているのが馬鹿馬鹿しくなってしまいます。そして、いつしか、フェードアウト的にやめてしまうんですね。

第2領域は、少しでいいので、長く続けることが大事です。それによって、初めて効果があらわれ、その効果を実感することができるのです。

第2領域は絶対に裏切らない

即効性がないということは、第2領域は地味で味気ない作業の連続であり、血湧き肉躍るような行為は含まれていないということです。

派手さはなく、感動も得られません。若い人たちが最も忌み嫌う部分でもあるのです。

ただ、ひとつ確実に言えることがあります。第2領域は絶対に裏切りません。この領域に、若いうちから、しっかりと意識を向け、時間とお金を少しでいいので継続的に使うことによって、ずっと先にはなってしまいますが、一〇年後もしくは二〇年後に大きな実りとなって、必ず成果が返ってきます。

若い皆さんにも、いつか老いや衰えがやってきます。そんな中高年を迎えるとき、実り多い人生を送れるようにするためにも、少しずつで構いませんので、第2領域に意識を向け、時間とお金を使ってください。

もし、第2領域をないがしろにすれば、一〇年後や二〇年後に必ず手痛いしっぺ返しを受けることになります。とっても恐ろしい領域でもあるのです。

良いことも悪いことも、すべて積み重ねの結果と言えるでしょう。

引き締まった美しい体は一日にしてならずです。そして、メタボ体型や生活習慣病も一日にしてならずなのです。

どんな人とお付き合いするか、そのご縁が私たちのキャリアに大きくかかわってきます。今の生活習慣や食生活が、一〇年後や二〇年後の私たちの体を作ります。

今が楽しければ、今がラクならそれでいいといった、刹那的な快楽に人は走りがちですが、人生一〇〇年時代、そして社会人五〇年時代が到来します。第2領域の特徴と重要性を常に、どこか頭の片隅に置きながら、賢明な選択することが大事です。

よい人と付き合い、よい物を食べ、よい習慣を身につけることこそが、心身ともに充実した毎日、ひいてはよりよい人生へとつながっていくはずです。

第2領域は自己管理の領域

第2領域は、言いかえれば、自己管理の領域でもあります。

この自己管理という言葉は、口で言うのは簡単ですが、実行するのはとても難しいです。

偉そうなことを言っている私にとっても、自己管理は永遠の課題です。

普段、私たちは期限が間近に迫るなど、お尻に火が点かないと、なかなか重い腰を上げることができません。物事が第1領域に突入するまで、第4領域で呑気《のんき》にボーッとしていることが多いのです。

このように、いくら頭では第2領域の重要性を理解していても、時間的な余裕または気持ち的な余裕があるときは、どうしても第4領域にいきがちです。

常に第2領域の重要性を意識して、行動し、習慣化することが大事です。

そのための方法をご紹介しておきます。

まず私生活に関すること、例えば、ダイエット、筋トレ、朝活、英語力の向上、スキルアップなどに関しては、一人で黙々と取り組んでしまうと、継続が難しいです。やはり第2領域は即効性がないことが常にネックになってしまうからです。

このようなケースでは、仲間づくりがおすすめです。お互いを高め合えるような良い仲間を見つけて、近況を報告しあうだけでも、継続力がアップします。

今の時代なら、直接会うだけでなく、リモートもありですし、LINEグループを作って、近況を報告しあうこともできます。

それでは、仕事に関することは、どうしたらよいかと言うと、第4章でも扱いますが、ちゃんと教育や研修を受け、マネジメント能力（特にコーチングのスキル）を身につけた先輩社員や上司にサポートしてもらうことをおすすめします。

今、多くの企業で部下面談が義務化されています。

これはまさに第2領域という自己管理の領域を、いかに習慣化させるか、それを実現させるための施策とも言えます。

企業によって部下面談の頻度は異なりますが、上司と部下との信頼関係を構築し、成長をサポートしてもらえる絶好の機会となります。ぜひ有効に活用してください。

この部下面談に関しては、第4章で実例を交え、詳しく説明させていただきます。

真の実力も第2領域で養われる

約五〇年という長い社会人生活を「効果（長期にわたって良い結果を継続させる）」に注目した場合、付け焼き刃ではない、確固とした真の実力を身につけることも大事です。

それは新卒で入社した会社を勤め上げるつもりの人であっても、転職でステップアップを考えている人であっても、将来は起業したいと思っている人であっても、共通して必要とされるものです。

この真の実力を養うためにも、第2領域が重要になります。

学生時代の定期テストを思い出してください。効率を重視して、手っ取り早く成果をあげるためには、いわゆる一夜漬けという方法がありました。これは第1領域で対応している例です。

第1領域は即効性があるため、爽快感や達成感、充実感を味わうことができます。すると、どうしても私たちは第1領域の中毒になってしまいがちです。

でも、この一夜漬けを続けていても、真の実力は身につきません。

私は学生時代、まさに第1領域中毒になっていました。範囲が決まっている定期テストでは良い点数を取ることはできても、範囲が決まっていない実力テストになると散々な結果の連続でした。

真の実力を身につけるためにも、第2領域に焦点を当てた行動が大切です。当たり前のことですが、コツコツと取り組みましょう。まさに学問に王道はありません。

例えば、社会人になってから資格取得に挑戦するとなると仕事と勉強の両立が求められます。

今まで以上に事前にしっかりと計画を立て、コツコツと取り組まなくてはなりません。

幸運なことに、時代的にはコツコツと計画的な学習を続けられる環境は整っています。今の時代、特に若い人たちに対する残業規制が厳しくなりましたので、定時で帰れることが多くなりました。有給休暇の積極的な取得も多くの企業で推奨されています。趣味、息抜き、友だちやパートナーとの大切な時間と並行して、勉強、スキルアップ、資格取得などにも、バランスよく時間を使ってください。

時間または経験が解決してくれることがある

新入社員の研修やコーチングをしていると、二つ代表的なお悩み相談があります。一つが、以下のような生活のリズムに関する相談です。

・社会人になってから、なかなか生活のリズムが作れず、心身ともに充実しない。
・特に週末は、疲れを癒やすためにゴロゴロしているだけで終わってしまう。

入社してしばらく、そして新入社員ではなくても異動してしばらくは、本人が実感している以上に心身ともに疲弊します。

新しい環境に適合するには、想像以上に気をつかっていますし、エネルギーを必要とするからです。

もちろん、同期社員の中には、休日も活発に動き回り、充実した日々を送っている人もいます。独身寮に入っている人が、そういう同期社員を見てしまうと、余計に悩んでしまうようです。

もう一つが、以下のような悩みです。
・内線、外線を問わず、電話でのコミュニケーションで人名をはじめとした固有名詞が聴き取れない。
一人一台スマホ所有が当たり前の時代に生きている皆さんにとって、就職して、まず第一の関門となるのが、電話を使ったコミュニケーションになる人が多いようです。

電話だけでなく、場合によっては無線やインカムを使う仕事もあります。人名を代表とした固有名詞は、それが頭にインプットされていなければ、何回聞き返しても、永遠に聞き取ることができません。

私の実例をご紹介します。

私は、もともと東京の生まれで、その後も東京で育ちました。二六歳のとき、今住んでいる山梨県甲府市に移住しました。

知り合いもいなかったので、人脈を広げるという目的もあり、趣味だった和太鼓のサークルを立ち上げました。

そこに「ニーツ」という人から問い合わせの電話が来たのですが、私の頭の中に新津さんという名字がインプットされていませんでした。

新潟県には、かつて新津市が存在しましたし、山梨県甲府市では珍しい名字ではありません。

でも、新津という固有名詞がインプットされていない私には「にいつ」ではなく「ニーツ」と聞こえたのです。

私には固定観念というか先入観があって、「長音（ー）が入る名前＝外国人」という思い込みから抜け出せず、何度聞き直しても聞き取れませんでした。

もともと外国人からの問い合わせも多かったので、余計に一〇〇％外国人という思い込みから抜け出せなくなっていたのです。

「ニーズさん、ですか？」と聞き返す私に、「違います、違います。ニーツです」。

さらに「えっ?」と聞き返す私に、相手はイライラした口調で「だから、ニーツです」こんなやりとりが続きました。

山梨県甲府市民にとって珍しい名字ではありませんので、電話の相手は、それまでの人生で名字を聞き返される経験がなかったのでしょう。聞き返すたびに、イライラ度が増していくのがわかり、変な汗をかいたことを今でも鮮明に覚えています。

その後、新津さんと知り、「なーんだ、そうだったんだ」と私の疑問というか、思い込みは、あっさりと解消されました。

このようなことは、入社後、電話を使ったコミュニケーションでは、たびたび起こり得ます。

時薬《ときぐすり》という言葉があります。

生活リズムと固有名詞が聞き取れないという二つの問題は、基本的には時間が解決してくれます。

つまり慣れと経験によって解消されます。ですので、新入社員の方はもし今後、この二つの問題に直面したとしても、あまり悩む必要はありません。ご安心ください。

私が研修に入っているほとんどの企業が、計画的かつ継続的に研修を実施しています。新入社員研修を受講した人たちとは、その後、三年目社員研修、五年目社員研修……と続く階層別研修で定期的にお会いすることになります。

新入社員研修時に、この二つに関して、相談してくれた人には、三年目社員研修のときに必ず「あの件、その後、どうなった？」と訊くようにしています。

すると、たいていキョトンとした顔で「えっ、そんな話しましたっけ？」という反応が返ってきます。

もうそんなことで悩んでいたこと自体を忘れてしまっているんですね。

人名や専門用語などの固有名詞は自然と聞き取れるようになりますし、二〜三年もすれば、生活リズムも自分のパターンが確立されていくようです。

試されている時期

私が新入社員研修を行っている企業では、配属前に一回目の研修を実施します。

そこでは、第1章で扱った「世代間ギャップ」を中心とした内容をお伝えしています。

そして、九月の試用期間満了時に、二回目の研修を実施します。

その中で、入社してから今日までの半年間を振り返り、職場で起こった嫌な出来事を思い出していただく時間があります。

職場の環境改善が進んでいる今の時代、嫌な体験が思いつかないという人もいます（平均すると二〜三割くらいです）。

一方、残りの七〜八割くらいの人たちは、先輩や上司の、いわゆる塩対応（ちょっと冷たい対応、意地悪な対応、納得のいかない対応）を嫌な体験の例として挙げることが多いです。

以下、いくつか代表例をご紹介します。

・困っている場面で放置された。

・ちゃんとした説明もしてもらえず、「とりあえずやってみろ」とだけ言われた。実際にやってみて、失敗したらイヤミを言われた。

・Aさんの指示で動いていたのだが、Bさんから、「なんで、そんなことをしてるの！」と怒られた。しかも、その場にAさんがいるのに助けてくれない（見て見ぬふり）。

ここでも皆さんに知っておいてほしいことがあります。

意識的に行っている人もいますが、大半が無意識のうちに、人は新しく入ってきた人に対して、いわゆる無茶ブリを代表とした試すようなことをしがちです。

学生時代であればクラスに転校生が入ってきたとき、部活動であれば新入生が入ってきたとき、アルバイト経験がある人は、そのバイト先に新しい人が入ってきたときを思い出してみてください。

もちろん皆さん自身はしていなかったとしても、そのような新しく入ってきた人たちを試すような塩対応をしていた人が一定数はいたはずです。

その人の本性があらわれる瞬間

ここからが最も大切な部分です。

それでは、なぜ人は、このように新しく入ってきた人を試すようなことをするのでしょうか。

人は緊急時、失敗を代表としたネガティブな事態、そして理不尽な対応に遭遇したときに、どんな行動を取るのか、そこにその人の本性があらわれます。

そして、その本性の部分を見たいから、人は人を試すのです。

先輩や上司など周りの人たちは、この部分を恐《こわ》いくらいに、よく見ています。

そして、「そのときの対応＝その人の本性」というレッテルがはられてしまうのです。

しかも、一旦ここではられてしまったレッテルは、なかなかはがすことができません。

もちろん不可能ではないのですが、時間がかかります。

例えば、いわゆる無茶ブリと言われるような指示を先輩や上司から出されたとします。

それでも文句ひとつ言わず、懸命にベストを尽くそうとする人がいます。

最初から諦めて手を抜く人もいるでしょう。

不平不満ばかりを言ったり、できない理由を並べるだけで、一向に取り組もうとしない人もいるかもしれません。

いずれにしろ、それがその人の本性を表しています。一事が万事なのです。

他にも失敗したときの対応にも本性が表れがちです。

仮に、その失敗の責任が、すべて自分にあるわけではなかったとしても、即座にしっかりと謝罪して、その失敗による損害を最小限に食い止めるため、ベストを尽くすなど、誠実な大人の対応ができる人もいます。

ところが、正反対の人もいます。防衛本能が、どうしても顔を出してしまうのです。一番多いのは、謝罪もせず、言い訳や正当化に終始してしまうパターンです。

そして、大企業に勤めている人にありがちなのですが、その上の立場を利用して、下請け企業、協力会社、子会社の人に責任をなすりつけてしまう人もいます。

正社員が、立場の弱い派遣社員や契約社員に責任を押しつけてしまったという例も、よく耳にします。

このように弱い立場の人に責任を押しつけるような行為をしてしまうと、致命的なまでに信用を失います。

放棄や逃げるといった対応も、よく聞きます。都合が悪くなると、会社に来なくなってしまうというパターンです。もちろん、これも著しく信用を失います。

さらにもうひとつ、ネガティブな場面で意外と多く目にする反応に「問題のすり替え」というものがあります。

これは本人が気づいていないことが多いので、もしこれを読んでいて、自分もやりがちだと気づかれた人は、今後は繰り返さないようにしてください。

何かミスをして怒られたときに、「なんで私だけ怒られるんですか。○○さんだって同じことをしていますよ」と反論するパターンです。

スピード違反や駐車違反で警察に捕まった人が、あの人の方がスピードを出しているとか、あの車だって違法駐車じゃないですか、と主張する行為に似ています。

「確かにそうなんだけど、今は、あなたの話をしてるんです。問題のすり替えをしないでください」と言いたくなる場面です。端で見ていても、見苦しいですよね。

問題のすり替えは、こんなパターンもあります。

心を鬼にして注意または忠告してくださった先輩の鈴木さんに対して、「鈴木さんだって、できてないじゃないですか」みたいな発言です。

これをされると、もう二度と、注意または忠告をしたくなくなってしまいます。

耳が痛いことであっても、その場は、冷静に一旦受け止めることが大事です。

過去の実体験を思い出し、この本性が表れてしまう場面で、自分はどのような行動を取りがちか、そのパターンを知っておくとよいでしょう。

七二ページから始まる「試されている時期」以降でご紹介した内容は、知っているかいないかで、今後の信頼獲得や成長のスピードに大きな差が生まれます。

今後、職場で、もしくはお客様とのやりとりで、ちょっと納得のいかないような対応をされたとしても、これこそ正に試されている場面だとわかれば、冷静に、誠実な対応をすることができます。そのようなネガティブな場面ほど、チャンスと捉え、ベストの対応を心がけてください。

何が相手をイライラさせているのか

私は管理職～経営陣（彼ら彼女たちの年代は四〇～六〇代が中心です）に研修やコーチングをしているとき、よく「部下や取引先社員のどのような言動にイライラしますか」という質問をします。

すると、業種、企業規模に関係なく、共通した答えが返ってきます。

この答えは、視点を変えれば、「私たちの何が上司やお客様をイライラさせているのか」と言いかえることができます。

本章の最後に、その一〇項目をご紹介します。

これは若い人限定ではなく、全社会人にとって、有益な情報です。

なぜなら、先輩も上司も、ましてや取引先のお客様も、よほど変わり者でない限り、「私は今イライラしています」とは言ってくれません。

ましてや、その理由まで教えてくれる人は、ほぼ皆無と言ってもよいでしょう。

教えてもらえなければ改善のしようがありませんが、理由がわかれば改善が可能になります。

もし自分が該当するようであれば、すぐ改善してください。

①結論が先に来ていない（話がダラダラと長くて、要領を得ない）
②質問に答えていない
③完成度の低さの原因が明らかに準備不足
④指示を最後まで聞き終わらないうちから動き始める
⑤過去に伝えたはずのことを覚えていない
⑥質問に対して即答で「わかりません」
⑦質問返し
⑧約束（期限、時間、枚数など）を守っていない
⑨声が小さくて語尾が聴き取れない
⑩ペンカチ、ペン回し

相手をイライラさせてしまう主な原因

①結論が先に来ていない（話がダラダラと長くて、要領を得ない）

特に失敗したときにありがちですが、どうしても理由や経過の説明から入ってしまいがちです。でも、これって、相手からすると言い訳に聞こえてしまうのです。

自己防衛本能が働いてしまうと、よほど意識していない限り、どうしても理由や経過の説明から入ってしまいます。

何かを伝えるとき、まず結論からが大原則になります。

これに関しては、第3章で、より詳しく説明させていただきます。

②質問に答えていない

質問には、Yes または No で答えられるクローズ型の質問と、Yes または No で答えられないオープン型の質問（いわゆる5W1Hで始まる質問）の二種類があります。

Yes または No で答えられる質問には、ちゃんと Yes か No で答えてください。

「どこで」と訊かれたら場所を、「なぜ」と訊かれたら理由を答えましょう。

政治家の答弁でも、よく見かけますが、こんな当たり前のことが、意外とできていないのです。

私の実例をご紹介します。

以前、ある車に一目惚《ひとめぼ》れしてしまい、自動車ディーラーに行きました。その日に契約を済ますつもりでしたので、印鑑も持参して、もう買う気満々の状態でした。

私の最大の関心事は、「今ここで契約をしたら、最短でいつ納車されるか」でした。

私の担当をしてくれた営業スタッフは、私のその質問に対して「内田さん、実は来月から、ナビのキャンペーンが始まります。純正のナビが格安でご提供できるんです」と得意気に話し始めたのです。

私は車好きなので純正のナビを取りつけるつもりは全くありませんでした。自分が気に入っていた純正のものより高品質のナビをカー用品店で取りつけてもらうつもりでしたので、そんな話には全く興味なんかないのです。

なので、その旨を伝え、再度、「今ここで契約をしたら、最短でいつ納車されますか」と同じ質問を繰り返しました。

すると、その営業スタッフは、「内田さん、実は私たちは今ちょうど繁忙期でしして……」と、延々と自分の現状を話し始めたのです。

私は心の中で「私はあなたの現状を聞きたいわけではない！」と叫んでいました。

車は買ったら終わりではなく、故障などの不具合が発生するかもしれませんし、事故を起こす可能性もあります。定期的に整備や点検、そして車検も必要になります。

その都度、この人とコミュニケーションを取ることによってストレスを感じることを考えたら、私にとって最良の選択は早々に退散することでした。

すぐ別のディーラーに行き、ちゃんと受け答えができるセールスの方と、その日のうちに契約を済ませた経験があります。

このように質問に答えられないということは、社会人（特にお客様と対応する人）にとって、かなり致命的と言えます。

ちなみに、一般社団法人日本ビジネスメール協会が実施しているビジネスメール実態調査によると、仕事のメールで不快に感じたことのある人は四割を超えています。

その不快なメールの第一位は「質問に答えていない（四二・八八％）」です。

③完成度の低さの原因が明らかに準備不足（いわゆる「やっつけ仕事」）

ちゃんと準備していたのにもかかわらず、もともと緊張症なので、大勢の人を前にしたら、頭の中が真っ白になってしまい、しどろもどろに……。

これは、人前で話すことが苦手な人には、よくある事例です。しっかりと準備していたのに、そうなってしまったのなら、怒られるのではなく、先輩や上司は次に向けたアドバイスをしてくれることでしょう。もし、それで責める人がいたとしたら、それはかなり人格に問題のある人だと思います。

ところが、プレゼンが苦手なのにもかかわらず、十分な準備もせず、その場に臨み、しどろもどろになってしまったのなら、厳しく叱責されても仕方ありません。

その他にも、依頼された資料の完成度が低かったとしましょう。

もともと文章作成が苦手で、ちゃんと真面目に取り組んだのだけれど、納得してもらえるような資料を作成することができなかった。その痕跡がどこかに見られるのであれば、先輩や上司から的確なアドバイスをいただけるはずです。

ところが、もともと文章作成が苦手であるにもかかわらず、開き直ってテキトーに書いて提出してきたのがバレバレなら、相手は怒ると思います。

これが続くと怒りを通り越して、放置または無視になってしまう怖れもあります。

何事も誠意を見せることが大事です。

ここは、ごまかしがきかない部分です。経験豊富な先輩社員や上司には、すぐに見抜かれてしまいますので要注意です。

④指示を最後まで聞き終わらないうちから動き始める

対応が早いことは良いことです。ただ、その意識が高すぎるがゆえに、相手の指示を最後まで聞き終わらないうちに、行動し始めてしまう人が、ときどきいます。

こういう人に限って大事な部分を聞いていないので、後になってから、その大事な部分を質問してくるのです。

例えば、私の研修の中では、何回かグループワークが行われます。グループワークの説明が終わり、「それでは今から始めてください」の合図を聞かないうちから話し始めてしまうグループが、ときどきあります。

私の最後の指示「このグループワークは発表がありません。ですから、発表の準備をする必要もありません。それでは、始めてください」を聞かずにグループワークを始めてしまったグループからは、必ず途中で「すみません。このグループワークって発表ありですか?」という質問が出てきます。

この質問をされると、ガッカリします。

また、相手の指示を最後まで聞き終わらないうちから動き始めてしまう人は、指示の内容を早とちりしてしまったり、そこまで要求していないこと（過剰サービス）までしてしまいがちです。

例えば、資料を持ってきてとは言ってない、ただ、その資料があるかないかだけを倉庫に行って確認してきてほしいケースがあります。

それを最後まで指示を聞かず勝手な判断をして、わざわざ段ボール箱に入った大量の資料を持ってきてくれたとしても、それは単なるありがた迷惑になってしまうだけでなく、時間や労力の無駄にもなってしまいます。

るはずです。

⑤過去に伝えたはずのことを覚えていない

これは逆の立場、つまり自分が誰かにされたときのことを考えれば、すぐに納得できるはずです。

これを防ぐためにもメモが大事になります。特に手書きのメモをとる習慣を身につけることをおすすめします。

スマホで撮影とか、タブレットに入力もありの時代ですが、それだと大量の情報の中に埋もれてしまう恐れがあります。ここでは手書きのメモという古典的な方法をおすすめします。

私が実施している新入社員をはじめとした若手社員向けの研修では、研修期間中（たいてい三～六カ月間）だけでいいので、手書きのメモを取ることをお願いしています。

これを実施してもらうと、「思っていた以上に効果がありました。これからも続けてみようと思います」という発言が意外と多いです。

また、メモに関しては、できるだけ、その日のうちに復習をしてください。時間が経つと、そのメモは、いつどんなときに取ったメモなのか忘れてしまいがちです。

それと手書きのメモは、焦って書いたときに起こりがちですが、殴り書きなど雑な字になってしまうため、早めに復習しないと、自分で書いた字なのに判読不能になってしまうこともあります。

ここで、ひとつ注意があります。四〇～六〇代の昭和世代には、認知機能が低下してしまっている人もいます。言ってないのに言ったと主張する人もいるのです。

ここで波風を立てても仕方ないので、七二ページ以降でご説明した「試されている場面」だと思ってください。みんなが見ています。

ここは皆さんの側が大人になって、上司を立てておいたほうが得策だと思います。後になって何かのキッカケで本人が気づくこともありますし、誰かの指摘で気づくこともあります。そのときに、あいつは、あのときオレに恥をかかせないために、大人の対応をしてくれたんだと気づきます。

信頼に関して貯蓄をするような感覚で、貸しを作っておきましょう。こういう貸しって、後々になって利子がついて返ってきたりするものです。

⑥質問に対して即答で「わかりません」

新入社員をはじめとした若手社員向けの研修で、私がある受講者に何か質問をすると、即答で「わかりません」という答えが返ってくることがあります。

失敗に対するネガティブなイメージが強すぎると、間違った答えを言ってしまったら、同期社員に笑われてしまう。もしくは、後ろで見ている研修担当者に無知だと思われ、低い評価を下されてしまう。

このような思いが先行してしまうと、よほど自信がない限り、このように反射的に即答で「わかりません」と答えてしまいがちです。

気持ちはよくわかりますが、一〇〇%の自信がないから、もしくは確証がないから、「わかりません」で切り抜けようとするのは、絶対にやめた方がいいです。

この全か無か（all or nothing）という対応は、双方にとってマイナスになります。即答で「わかりません」と答えてしまうと、何も考えていない、意欲がないというレッテルをはられてしまう可能性大です。

場合によっては、反抗していると思われてしまうことすらあるので、相手をイライラさせてしまうのです。

ちゃんと考えて、全く見当もつかないようであれば、「わかりません」という答えも、もちろんありです。

でも、社内における上司・部下または先輩・後輩の関係であれば、間違っていてもいいので、自分の考えを伝えた方が絶対にいいです（当然のことですが、お客様に対しては、不確かなことを伝えてしまうことは絶対にいけません）。

「ここまでは、こうだと思いますが、ここから先はわかりません」のような途中経過でも構いません。

これをしてもらえると、どこまでがわかっていて、どこからがわからないのか、先輩や上司にわかってもらえます。

すると、先輩や上司は、そのわからない部分に関して、ピンポイントでアドバイスや説明、または教えることができます。

このように、双方にとってプラスになるのです。

もう一つ、メリットがあります。

間違っていても、途中経過でもいいので、あなたの頭の中を、ちゃんと言葉にすれば、積極性があると判断されます。仮にその答えが間違っていたとしても積極性は確実に評価に値します。

⑦質問返し

これは具体例をご紹介した方がわかりやすいでしょう。

上司からの「来年度の事業計画書を持ってきて」という指示や依頼に対して、「来年度の事業計画書をお持ちすればよろしいですか?」と質問で返すパターンです。

意外かもしれませんが、この質問返しも、多くの人が他人からされてイライラする行為に挙げます。

この質問返しをしている本人は、一〇〇%善意で確認のつもりで行っていることでしょう。

でも、これが相手をイライラさせてしまっているのですから皮肉です。

他と比べると、イライラ度は低く、プチイラ程度ですが、これってクセだから、下手すると、日々何回も行っている可能性があります。塵《ちり》も積もれば山となってしまうので要注意です。

もちろん、相手の発言をうまく聴き取れず、本当に確認が必要であるのなら仕方ありません。

でも、念のためみたいな感覚で行っているのなら、絶対にしない方がいいです。質問返しがクセになってしまっている人は、油断していると、無意識のうちにこのクセが出てきてしまいます。

もし言いかけてしまったら、そのときは語尾を下げましょう。「お持ちすれば、よろしいですか↗」ではなく、「お持ちすれば、よろしいですね↘」。すぐにお持ちします」にすれば大丈夫です。

でも、一番良いのは、「はい、すぐにお持ちします」です。

⑧約束（期限、時間、枚数など）を守っていない

これに関しては説明の余地はないと思いますが、管理職クラスでも実際にあった話を

ご紹介しておきましょう。

私のクライアント企業で、社長から全管理職社員に、ある課題に関するレポート提出の指示がありました。

書式も決まっていて、A4用紙で五枚と指示があったのに、誠意を見せようと思ったのでしょうか。またはアピールのつもりだったのでしょうか。一〇枚も書いて出してきた人がいたそうです。

本人の目的は、自身の評価を上げることだったと思いますが、結果は正反対です。著しく評価を下げました。

決まった制限の中で、ベストを尽くすことを心がけてください。

もちろん、五枚という指示に対して、一枚とか二枚で提出するのも問題外です。八三ページの③に抵触してしまいます。

そして集合時間に関しては、五分前集合が基本となります。時間どおりに来れば注意を受けることはないと思いますが、こういう基本ができているかできていないか、恐いくらいに周りの人たちはよく見ています。

らです。

⑨声が小さくて語尾が聴き取れない

実は、これは意外と改善が難しいです。なぜなら語尾という点が最大のポイントだからです。

日本語は文末で、肯定文か疑問文か、それとも否定文かを判断する言語です。

この⑨に該当する人は、声が小さくて聞き返されると、始めの部分は大きな声になるのですが、尻すぼみで文末の声が小さくなってしまいがちです。

そして、もう一度、聞き返されると全く同じように、始めの部分は大きな声になるのですが、また文末部分は声が小さくなり、相手は聴き取れない……。

ですから、文末つまり語尾を意識することが大事です。

電話、インカム、無線、Zoomなどのリモートも含めて、これらの場面では語尾が聞き取りづらくなります。直接顔を合わせていないこれらのコミュニケーションでは、特にこの文末を意識して、語尾まで大きな声で話すことが大切です。

「声が小さい」と昔からたびたび指摘された経験のある人は、このことをしっかりと意識して実行すれば、必ずや今後のコミュニケーションが劇的に改善されるはずです。

⑩ペンカチ、ペン回し

ペンカチというのは、多色ボールペンなどのノック部分をいじってカチカチと音を立てる行為です。

ペンカチもペン回しも手持ち無沙汰のとき、無意識に、しかも頻繁に行ってしまっているクセなのですが、これらは落ち着きのなさを露呈してしまう行為です。

かなり印象を悪くしてしまいます。

ペンカチ、ペン回しではないのですが、管理職研修で、こんなことがありました。

ずっと貧乏揺すりをしている人がいたので、それを指摘したのですが、本人は真顔で全く気づいていなかったと言いました。

一方、受講者全員は大爆笑していました。

周りは全員が気づいていて、しかも全員が気になっていたということです。

もしこのような行為に対して指摘をされたら、そのときは不快に感じるかもしれません。

でも、むしろ感謝すべきです。

ペンカチ、ペン回し、貧乏揺すりなどの音をたてる行為は、本人が思っている以上に相手は気になります。場合によっては、不快にさせています。

結果として、あなたの評価を下げてしまいます。

皆さんの中身に関することではなく、こんな表面的なことで、低評価を受けてしまうのは、本当にもったいないことです。

インタビュー② 森谷《もりや》浩一《ひろかず》さん

ご略歴：一九六〇年生まれ。埼玉県出身。

国立工業高等専門学校を卒業後、一九八一年、三菱重工に入社。

現在、三菱重工エンジンシステム社長。

三菱重工エンジンシステム：三菱重工のグループ会社として、高度な技術力で世界から厚い信頼を寄せられる三菱重工製の発電機、産業用エンジン、ターボチャージャ並びに各種関連商品の国内における販売、施工、サービスメンテナンスを提供する事業活動を行っています。

三菱重工の高度な技術と信頼性をベースに、きめ細やかなサービスをスピーディにご提供することで、お客様のご満足をいただきながら社会基盤を支え、社会の持続的な発展に貢献しています。

また、若手からベテランまであらゆる部門が連携しながら業務に従事し、事業の成長と共に個人の成長にも注力しながら事業運営している会社です。

森谷さんは、三菱重工の生産技術課の課長時代（二〇〇六年）に私の研修を受講してくださいました。

当時から、今の時代に即した「部下に寄り添うマネジメント」を実践されており、「人格者」という表現がぴったりの典型的な「理想の上司」でした。

その後、三菱重工の製造部長を五年務め、二〇二〇年から現職である三菱重工エンジンシステムの社長に就任されました。

社長になられた今も良い意味で、初めてお会いした頃から何も変わらず、常に同じ目線で接してくださる理想の社長です。

内田　新入社員時代、森谷社長は、どのような社員でしたか？

森谷さん　自分が設計したエンジンで世の中の役に立ちたいと思い、三菱重工に入社しました。

残念ながら、設計配属の夢はかなわず、「どこでも耐えられそうなので、森谷君は製造部、生産技術向きだな」と言われ、現場に近いところで会社員生活が始まりました。

私自身「社会人として活躍するぞ！」という意識が高かったのですが、いかんせん実務経験のない学生の知識や常識では即戦力とはなれず、職場の先輩集団からは「こいつ、大丈夫か？」という目で見られるなど、かなりギャップと疎外感を感じた記憶があります。

内田　森谷社長は、三菱重工の製造部長時代は、一〇〇〇名を超える部下をマネジメントされていました。今は約三〇〇名の社員の皆さまの指揮を執られています。
新入社員の頃から今に至るまで、どのような変化や成長を遂げられてきたのか、その部分をお聴きできますか。

森谷さん　実を言うと、二〇代の半ばくらいから、マインドという心構え、そして実際に取り組んでいることは何も変わっていません。

私は「誰にでも良い面がある」という考えに基づき、目の前の人たちと丁寧にコミュニケーションを取ることを心がけ、それを実践してきました。

このような意識は、製造現場の最前線で働かれているベテランの方々から情報を聞き出すには挨拶や声がけがとても重要だという実体験から培われたものと思います。

というのも、正直なところ入社時の私は、仕事とコミュニケーションは一体であるとは考えていませんでした。仕事ができれば、それでいいんだと思っていたのです。

でも、現場で働く人たちのやる気を高め、気持ちよく良い仕事をしていただくには、コミュニケーションを通じた信頼関係の構築が必要であることを痛感させられました。

実際に現場で作業されている方々の動きが良くなり、生産性が高まると、自分のコミュニケーション能力の向上を実感できました。そうすると、もっとコミュニケーション能力に磨きをかけようという意欲が高まっていきました。

「専門知識や専門技術」と「コミュニケーションスキル」は社会人に求められる能力の両輪だということを、入社して数年間の体験を通じて学ぶことができたのです。

そういった意味で、今の私があるのは、希望とは異なりましたが、現場に近い部署に配属されたことにあります。そのことに、とても感謝しています。

内田　新入社員や若手社員にアドバイスをお願いします。

森谷さん　入社時には、スペシャリストとして同じ仕事に長く就きたいと思っている人、ゼネラリストとしていろいろな仕事を経験したいと思っている人など、人それぞれに思い描く理想のキャリアは異なると思います。

私は若い人たちに、もう一つ視点を増やしていただきたいと思っています。

それは、入社当初から、ゆくゆくはマネージャーの道を目指すという心構えです。

仮にスペシャリストとしてのキャリアを思い描いていたとしても、大きなプロジェクトを成功に導くには、たくさんの人たちを巻き込んで、その人たちに同じ方向を目指してもらい、気持ちよく仕事に取り組んでもらうことが必要です。

その先頭に立つのがマネージャーです。プロジェクトの成功は、自己の成長を実感できる最高の機会とも言えます。

もちろん、よいマネージャーには、その根底や土台として、やはりコミュニケーション能力が必要になります。

繰り返しになりますが、専門知識や専門技術と並行して、ぜひコミュニケーション能力に磨きをかけてください。

第3章　ぜひ実践してほしいこと

本章ではコミュニケーションに関して、普遍性を重視したスキルをご紹介します。その全てが簡単で即効性のあるものです。

「話すときのポイント」と「書くときのポイント」の二本柱ですが、ちょっとした工夫で大きな効果を得られる「伝え方のコツ」も本章の最後でご紹介します。

私の研修を受講してくださった方々によって、その効果が実証済みのスキル満載です。

インプットなければ、アウトプットなし

第2章では、職業や職種を問わず普遍的な知識として「知っておいてほしいこと」をご紹介しました。これはインプット編と言いかえることができます。

第3章では「ぜひ実践してほしいこと」をご紹介します。言いかえれば、アウトプット編です。

何事も、まずは頭で理解していないと、行動に移すことは困難です。

例えば、ある課題を前に何も予備知識がない状態で、「とりあえず、やってみましょう」と言われても、突き放された感覚に陥り、途方に暮れてしまうことでしょう。

このように、インプットがなければ、アウトプットは見込めません。

インプットは、アウトプットの大前提となります。

もし、正しいインプットがない状態で、闇雲に行動したところで、努力に見合った成果を得ることはできないでしょう。

アウトプットなければ、変化なし

インプットは大切なファーストステップですが、もちろん、学びだけでは、現実を変えることはできません。

学びというインプットから得た気づきを、成果につなげるためには、アウトプットという具体的な行動が必要です。

現実世界はアウトプットでしか変えられません。

正しいインプットをベースにしたアウトプットによって、物事が好転したり、成果が生まれます。それが、自信や成長にもつながっていくのです。

言葉は頭の中を見える化する道具

アウトプットの代表格は「伝える」という行為です。

第1章でも書きましたが、同級生の多かった昭和世代は、雑に育てられてきました。一方、少子化という環境で育ってきた皆さんは、昭和世代と比べると、丁寧に扱われてきたはずです。親をはじめとした身近な大人たちは、皆さんの表情や仕草から、何か困っていることがあるかもしれないと察知すれば、気を回し救いの手を差し伸べてくれたことが多かったと思います。

社会人になると、このような機会がなくなってしまうわけではありませんが、学生の頃と比べると、残念ながら減ってしまいます。

皆さんの先輩や上司は、皆さんの親ではありません。言葉にしてもらわなければ、何を考えているのかわかりません。

特に職場経験の浅い時期には、会議、ミーティング、打ち合わせ等、複数の人が集まる場では、発言を躊躇《ちゅうちょ》してしまう人もいるでしょう。

誰かの意見と似ていても、誰かと同じ意見でもいいので、自分の意見を口にしてください。

意見を言わないと、「意見がない」または「何も考えていない」と判断され、消極的な人と見做《みな》されてしまう恐れがあります。

第4章でも扱いますが、入社後は定期的に先輩や上司、会社によっては人事部の担当者と面談の機会があるはずです。そのとき、日頃抱いている不満や要望を言葉で伝えなければ、不満や要望はないと判断されてしまいます。

よくある例をご紹介します。

前々回、前回と二回連続して上司との面談時に、異動したい旨を伝えたのですが、希望はかないませんでした。あきらめたわけではないのですが、三回も連続して異動したいと、しつこく主張し続けてしまうと、言う方も言われる方も、あまりいい気分はしないから、言うのをやめてしまう人が多いのです。

すると上司は、「もうあきらめた」または「この部署にいることに納得してくれた」と判断してしまいます。

ですから、言い続けることも大事です。

もちろん、適切な表現方法を使うことは大切です。でも、言葉にして伝えなければ、皆さんの頭の中は相手にわかってもらえません。

社会人として伝える能力に磨きをかけることは最優先課題と言えるでしょう。

伝える方法は、二通りあります。

まずは口頭で伝える、つまり「話す」という行為。

もう一つは、文字で伝える、つまり「書く」という行為になります。

いずれも言葉を使って伝えます。

まずは口頭で伝えること（「話す」という行為）に関して説明していきます。

コミュニケーションに関する不満

新入社員をはじめとした若手社員の研修をしていて、一番多いのがコミュニケーションに関する要望です。できれば即効性のあるコミュニケーションスキルを教えてもらいたいという声が非常に多いです。

「小学生の頃から、ずっとコミュニケーションは大事だと親からも先生からも言われ続けてきました。それなのに、国語や数学の授業はあっても、コミュニケーションの授業は、カリキュラムに組み込まれていませんでした。

就職してからも人事部の採用担当者、配属されてからは先輩や上司からも、コミュニケーションは大事だと言われてきました。それなのに、コミュニケーションに関する研修を受けたことがありません。

もちろん、新入社員研修等の中に、コミュニケーションに関するレクチャーもありましたが、「ちゃんと相手の目を見て話しましょう」「大きな声で元気よく挨拶することが大事です」「お礼は忘れないように」など、そんなこと改めて言われなくたってわかってますよ程度のことしか教えてもらっていません」

コミュニケーションに関する基本は、小学校時代の延長です。特に、挨拶、お礼、謝罪、この三つは徹底することが大事です。

こんな基本中の基本で当たり前のことですら、意外とできていない人が多いのも事実です。一番多いのが、本人は謝罪またはお礼を言っているつもりなのに、相手は謝罪またはお礼とは受け取ってくれていないなど、伝え方の問題から、謝罪の意や感謝の意が相手に伝わっていないというパターンです。

最低二回、できれば三回

例えば、お礼に関してですが、先輩や上司からご馳走《ちそう》になったときは「ごちそうさま」と、ちゃんと伝えていますか。

ときどき、年長者がお金を出すのが当たり前と思って、この「ごちそうさま」を言わない人がいます。これはNGです。

そして、ほとんどの人が「ごちそうさま」は一回でいいと思っているはずです。

私の研修では最低二回、できれば三回と教えています。

会計後、その場で「ごちそうさまでした」と言うのが、一回目です。

ただ、その場の「ごちそうさま」は、相手が酔っ払っていたり、帰りの手段に気が向いてしまっているなど上の空だったり、会計等でドタバタしていたりで、相手の記憶に残りづらい場面でもあります。

ですので、二回目が大事です。その二回目は次に会ったときです。

平日の昼にご馳走になったのであれば、翌日の朝イチで「昨日は、ごちそうさまでした」、金曜日の夜にご馳走になったケースでは、月曜日の朝イチで「先日（または金曜日の夜）は、ごちそうさまでした」と伝えてください。会計のドタバタしているときとは異なり、相手は冷静になっている状態なので、相手の記憶に残ります。

もし可能であれば、ご馳走になったお店の前をたまたま通ったときなど、何か関連するような出来事があったときに、「先日は、ごちそうさまでした」と伝えてください。

さすがに三回目になると、相手が「もう、いいよ」と言ってくれるとは思いますが、お礼をはじめとしたポジティブな言葉は不快に感じることはありません。

こんな当たり前のことであっても、ひと手間加えると、相手に与える印象は大きく異なります。当然、あなたの評価も高まります。

社会人になると加わる大原則

繰り返しになりますが、コミュニケーションの原則は、社会人になっても基本的には小学校時代の延長です。

ただ、社会人になると、ひとつ原則が追加されます。

言いかえれば、学生時代は、親、教師、部活の顧問から言われることはなかったのに、社会人になった途端、これが大原則だと言われるコミュニケーションのルールのようなものがあります。

それが報連相《ほうれんそう》（報告、連絡、相談）です。

ここからが大問題なのですが、報連相は社会人のコミュニケーションにおける大原則なのに、なぜかちゃんと教えてもらっていないのです。

では教えられていない新入社員はどうすればいいかというと、もっとも身近な先輩の見様見真似をするしかありません。

運よく入社二～三年目くらいの歳の近い先輩がいれば、その人たちの真似であっても何とか及第点をもらえますが、職場によっては一番歳の近い先輩社員が三〇歳近くだったりします。

もし新入社員が、その三〇歳近くの先輩社員の報連相を真似していたら、恐らく先輩や上司からは怒られます。

よかれと思って行った行為を否定されたら、当然のことですが、報連相に関して消極的になってしまうでしょう。

すると昭和世代の管理職に多いのですが、本人に聞こえるように「最近の若い奴《やつ》らは、報連相がなってない」みたいな発言をしがちです。

そうすると、新入社員はますます萎縮してしまい、報連相どころか、コミュニケーションそのものが億劫《おっくう》になってしまいます。

これが多くの職場にありがちな悪循環の構図です。

報連相の五原則

報連相は年次や経験値によって、そして、あなたの信頼度によって、頻度（回数）そして内容が大きく変化します。まず、これがポイントです。

新入社員に求められる報連相と入社一〇年目の中堅社員に求められる報連相は確実に異なります。だから、真似をしても怒られてしまうことが多いのです。

今から、報連相の五原則をご紹介します。

①自己判断しない

②早め早めに対応する

③相談は自分の考えを用意してから

④報告は結論から

⑤意図的にセーブしない

報連相の5原則

第1原則：自己判断しない

この原則は、新入社員に限定の原則です。

そして、期限があります。

会社によっては、職場に配属される前に数カ月間の研修を受けるケースもありますが、実際に職場に配属されてから「最低半年、できれば年度の変わる三月まで」です。

この理由は、職場に配属されて、たいてい三カ月もすると一通りの経験をします。

仕事にも人間関係にも慣れが出てきます。

手応えを感じ始め、ある程度の自信もついてくる頃でし

報連相の第１原則 自己判断しない

期限：実際に職場に配属されてから「最低半年、できれば年度の変わる３月まで」

ょう。だいたい、この頃から勝手な自己判断をしてしまい、報告を怠りがちになります。

それがちょっとした（場合によっては致命的な）ミスにつながってしまうことがあります。

三カ月では不十分なので、「最低半年できれば、年度の変わる三月まで」という期限を設けています。

行動全般に関して言えることですが、この期限を設定することが、ものすごく大事です。これによって意識が高まり、具体的な行動を促すことになるからです。

逆に期限を設定しないと、気持ちが引き締まりません。ただの絵に描いた餅になってしまいます。

この期間は、「さすがにこれくらいのことは、もう伝えなくてもいいだろう」と勝手な自己判断をせず、何でも先輩や上司の耳に入れるようにしてください。

そして、もう一つ補足があります。原則には例外があります。

もしAさんから、「○○に関しては、自己判断していいよ」と言われたら、Aさんに対してのみ、自己判断してOKです。

Aさん以外の、BさんCさんに対しては、原則通り自己判断をしてはいけません。

ここまでおさえておいてください。

若い人に限らず、私たちは自分にとって都合のいい解釈をしがちです。

Aさんから、自己判断していいよと言われると、Bさんに対しても、Cさんに対しても自己判断してしまいがちです。そのような都合のいい解釈をしないように常に心がけてください。

第2原則：早め早めに対応する

新入社員や若手社員の研修時、私は受講者に、よく次のような質問をします。

「あなたたちの先輩や上司の研修をしていると、必ずと言っていいほど「最近の若い人たちは、ちゃんと報連相をしてくれない」という不満が頻発します。あなたたちが報連

報連相の第２原則　早め早めに対応する（第２領域で対応する）

第１領域		第２領域
今さら言われても、もう手遅れの段階 （すでに対応不能）	←	まだ時間的に余裕のある段階 （いくらでも対応可能）

相をしたがらない理由って何なのですか？」

すると最も多い答えが「怒られるから」です。ここで第2章（四九ページ）でご紹介した「＝を＃にする」を思い出してください。

報連相そのもの、さらに言えば、失敗したことを怒られているわけではありません。

事実、管理職社員の研修をしていると、こんな声をよく聴きます。

「新入社員を始めとした若手社員の失敗は、一〇〇％想定の範囲内です。ただ、今になって言われても対応のしようがないよね。なんで、もっと早く言ってくれなかったの！　もう少し早く言ってくれたら、いくらでも対応できたのに……」

こういった理由で上司は怒っています。つまり、報告が遅れてしまったことを怒られているわけです。まずは、ここを、しっかり理解してください。

だから、早め早めに報告すること（五七ページでお伝えした第2領域で対応すること）が大事なのです。

もちろん若い人たちの気持ちは、すごくよくわかります。まだ何とかなる。まだ自分の力で解決できる。そう思いながら、がんばってはみたものの、結果的にどうにもならなくなってしまい（第1領域に突入してしまい）、もう手遅れの状態になって、ようやく先輩や上司に報告することが多いと思います。

私自身も若い頃に第1領域で（もう詰んでしまってから）上司に報告したら、「なんで今になって言うんだよ！」または「なんで、もっと早く言わなかった！」と、こっぴどく叱られた経験があります。

早め早めに（第2領域で）対応することを徹底してください。

第2領域で行われた報連相は自分の身を守ります。それだけでなく、所属部署、さらには会社も守ります。

第2領域で報連相をすれば、怒られるどころか、「よくこの早い段階で気づいて、私の耳に入れてくれた」と、ほめられることすらあるでしょう。

「報連相＝怒られる機会」というマイナスの結果をイメージしてしまうと、報連相に対して消極的になってしまいます。

「第2領域で行われた報連相＝ほめられる機会」というプラスのイメージを抱くことができれば、行動がより積極的になるはずです。

成功体験を積み、ネガティブなイメージを払拭するためにも、早め早めに（第2領域で）対応することを心がけ、実践してください。

第3原則：相談は自分の考えを用意してから

昭和世代の管理職研修をしていると、「最近の若者は、受け身の姿勢で、どこか物足りない」という嘆きの声もよく耳にします。

いつの時代もそうですが、年長者は若者世代に積極性を期待しています。

もう三〇年以上も前のことですが、私が若手社員の時も、先輩や上司から、「もっとガツガツぶつかってこい」とよく言われました。

先輩や上司を物足りないと感じさせてしまう部分を払拭するのが、第3原則「相談や質問は自分の考えを用意してから」になります。

報連相の第３原則　相談は自分の考えを用意してから

期限：実際に職場に配属されてから「できれば３カ月、遅くても半年以内」

この原則にも期限を設けています。

第1原則でもご紹介したように、期限を明確にすることによって、意識を高め、行動を促すことができるからです。

期限を設けず「いつでもいいよ」では、常に先延ばしされてしまうだけです。

行動（アウトプット）には、常に期限を設けることが大事です。このことは、しっかりと覚えておいてください。

第3原則の期限は、職場に配属されて「できれば三カ月、遅くても半年以内」です。

もちろん配属直後の右も左もわからないうちに、自分で答えを考えて事前に用意しろと言われても、それこそ無茶ブリです。どんな答えを準備したらいいのか、まったく見当もつかないでしょう。

だから、ある程度の猶予が必要です。知識と経験、そして度胸がついてからということになります。

ただ、「そのうちに」では、全く意識が高まらず、行動を促すことはできません。なので「できれば三カ月、遅くても半年以内」という期限を設定しています。

具体的には、何でもかんでも「どうすればいいですか？」と相談や質問をするのではなく、「私は、この仕事に関して、このような手順で進めようと思っているのですが、いかがですか？」みたいな感じです。このように自分の考えを用意して、相談や質問をしてみてください。

一〇三ページでも触れましたが、先輩や上司は、皆さんの頭の中はわかりません。この第3原則は、言語化によって頭の中を「見える化」する作業でもあるのです。

この第3原則を実行すれば、先輩や上司は、皆さんの理解度や到達度を、相談や質問のたびに確認することができます（先輩や上司の第一メリット）。

しかも、皆さんが、この第3原則を実行できるようになっているときには、恐らく、その用意した考えの全てが間違っていることはないと思います。

正しい部分に関しては、ちゃんと認めたり、ほめたりしてもらえることでしょう。

そして、間違っている部分だけを修正されることになるはずです。

このように、相手の手間を省くことができます（先輩や上司の第二メリット）。もし一〇〇％正しければ、「よく、そこまで考えられたね。安心して（または自信を持って）、その通りに進めてください」と全肯定してもらえることでしょう。新入社員や若手社員が先輩や上司から、こんなふうに言われたら、さぞや自信がつくことでしょう（皆さんのメリット）。

このように、第3原則は、双方にとって大きなメリットがあります。

この第3原則は、五原則の中でも、もっとも即効性を発揮してくれます。私の研修受講者からも「職場で効果を実感できた」という報告を多数受けています。第3原則は特に強く意識して、ぜひとも実行していただきたい原則です。

第4原則：報告は結論から

これは八〇ページでご紹介した「「何が相手をイライラさせているのか」の①結論が先に来ていない（話がダラダラと長くて、要領を得ない）」の具体的な解決策にもなります。

報連相の第４原則　報告は結論から

しかも、これは永遠の課題とも言える原則です。なぜなら、管理職クラスでも、これが出来ていない人がたくさんいるからです。

特に悪い報告は、どうしても自己防衛本能が働いてしまい、経過説明や理由の説明から入ってしまいがちです。

私は新入社員研修では、「極端な話になりますが、上司への報告では、経過説明や理由説明は必要ありません」と教えています。

もし必要だったら、「経過がわからないから、説明してください」とか「その結果に至った、詳しい理由を知りたいんだけど……」のように相手が求めてきます。そのときに経過や理由の説明をすれば、それで十分です。

その理由は、管理職は経験も知識も豊富なので、皆さんの日頃の行いを見ていれば、経過や理由は、ほぼ推測がつくからです。

しかも管理職は、他の社員からの報告も受けていますので、あなたから聞かなくても、すでに理由を把握している可能性が高いのです。

そんなときに時間のない管理職社員が、とうとうと経過の説明や理由を聞かされると余計にイライラしてしまいます。

そのイライラが解釈にも悪影響を及ぼしがちです。場合によっては、言い訳や正当化にしか聞こえなくなってしまうのです。

悪い報告は、どのみち怒られてしまうかもしれないけれど、怒りの火に油を注がないためにも、報告は結論からを徹底するようにしましょう。

この原則は、社内だけではなく、お客様をはじめとした社外の人間関係でも、効果を発揮します。

この原則を実行するには、勇気が必要です。人によっては、永遠の課題にもなりますが、ぜひ、日頃から心がけてください。

第5原則：意図的にセーブしない

若い人たちに報連相をしたがらない理由を訊《き》くと、一番多いのが前述のとおり「怒られるから」です。

これに関しては、第2原則で説明をしました。

報連相の第５原則　意図的にセーブしない

二番目に多いのが「こんなにこまめな報連相を求められ続けたら、たまったもんじゃありません。だから今のうちから意図的にセーブしているんです」という答えです。

そんなとき、私は第5原則を教えます。

セーブする必要なんかありません。

もし報連相の機会を減らしたいのであれば、第1原則から第4原則を徹底してください。そうすれば、あなたに対する信頼度が上がります。信頼度が上がれば、あなたの裁量の範囲が広がります。

「裁量の範囲が広がる＝自己判断してもいいことが増える」ということなので、結果として、報連相の機会は減ります。

いつまでも、こまめな報連相を求められ続けるわけではありません。

報連相の機会を減らしたいのであれば、自ら意図的にセーブするのではなく、第1原則から第4原則を徹底しましょう。

ちょっとだけ補足させてください。

どんなとき人（特に先輩や上司、そして親）は、あなたに口うるさくなると思いますか。

まずは、同じ失敗を繰り返すとき、または同じことを何度も言わせるときです。

これを防ぐために、八六ページでもご紹介したメモを取ることが大事です。

もう一つは、あなたのことを心配しているとき、またはあなたの行動に不安を感じているときです。

それでは、どんなとき、先輩や上司そして親は、あなたのことが心配または不安になるのでしょう。

答えは、あなたからの情報量が不足しているときです。

これは一般論になりますが、子供が幼い頃って、親にいろいろと話をしてくれます。ところが思春期になると、子供と親との会話は激減し、親は子供に関する情報量が不足します。

すると親は心配や不安から、子に対して、やたらと口うるさくなります。

親元を離れて独身寮などで生活している若手社員から多い相談があります。

「もう社会人になって三年以上も経《た》つのに、いまだに親が口うるさいんですよ。どうにかならないものですかね」

こんなとき私は「親は心配してるんだよ。直接、電話する必要はないけど、LINEでいいから、「こっちは久々に晴れたよ」「ランチが美味《おい》しかった」「職場で先輩からほめられた」など、そんな他愛もないことでいいから、親に伝えるようにしてごらん」と答えています。

実際に実行してくれた人からは、「明らかに親から連絡がくる回数が減りましたし、言ってくる内容にも変化がありました。今までは、口うるさい小言や説教ばかりだったのですが、最近は、いたわるような優しい言葉が確実に増えました」といったような報告をよく聞きます。

職場でも同様です。上司、指導役の先輩、それ以外でも、ある特定の人が、あなたに、やたらと口うるさかったりすると、どうしてもその人を避けがちです。

でも、そんなときこそ、反対の行動を取りましょう。

あなたからの情報量が少なくて、心配または不安に感じている可能性が高いです。

多くの情報を与えることによって、彼ら彼女たちを大人しくさせることができるかもしれません。

報連相はあなどれない

私が研修をしていて最も驚くのは、経営者や上司が報連相をあまりにも軽視していることです。

報連相はあなどれません。私はビジネススキルの中で、最重要スキルと断言してもいいと思っているくらいです。

第1章（二九ページ）で書きましたが、今の若者世代は、パンデミックや自然災害など、自分の力ではコントロールできないことによって、翻弄されたり、人生の軌道修正を余儀なくされてきました。

昭和世代と比較すると、自分の努力で道を切り開ける経験が確実に減ってしまっています。そのような時代背景もあって、昭和世代からすると、今の若い人たちは「消極的」「あきらめが早い」「指示待ち体質」に見えてしまいがちです。

これを克服するには、若者世代である皆さんに成功体験を積み重ねてもらい、自信をつけてもらうことが必要です。

報連相があなどれないのは、日々、何度となく行われる行為であるということです。この日常で、成功体験を積み、自信を育むことが大事なのです。繰り返しになりますが、報連相は社会人にとって最重要スキルと断言できます。

報連相は最も効果の高いアウトプットです。即効性があり、なおかつ、その効果や周囲の変化を実感することができます。

報連相という行動によって、先輩や上司の機嫌が良くなったり、ほめられたり、社内外での評価が高まったりなど、周囲の人たちを変えることができたなら、確実に自己肯定感は高まっていくはずです。

自分の言動が他人、特に上司をはじめとした立場的に上の人たちを変えることができたという体験は大きな自信につながり、それがさらなる積極性の原動力となるはずです。巨大プロジェクトに参加するなど特別な経験をすることによって、初めて成長や変化を実感できると思いがちですが、実際にそれを経験できる人は稀《まれ》です。

日々、何度となく繰り返される日常のひとコマで成長や変化を実感できることの方が、はるかに大事であり、また最も現実的と言えるでしょう。

報連相は、日々、コツコツと自信が養われるだけでなく、先輩や上司、そしてお客様とのコミュニケーションを深められる絶好の機会でもあるのです。

文字によるアウトプット

報連相は、口頭で伝えるという行為の代表例になります。

次に説明するのが、文字で伝える、つまり書くという行為（アウトプット）になります。

もちろん口頭であっても、文字であっても、伝えるという目的は共通しています。

ですから、例えば、報連相の第3原則「報告は結論から」は、文字で伝えるケースであっても、実行してください。

ただ、文字と口頭の最大の違いは、文字は残るという点にあります。受け取った相手は、繰り返し何度でも確認することができます。

そういった意味でも、口頭で伝えること以上に、細心の注意が求められます。

文字を使った業務上のコミュニケーション手段の中で、最も多いのが「メール」です。社内外を問わず、メールは最も手軽で身近なコミュニケーションツールとして定着しています。

二〇〇七年から一般社団法人日本ビジネスメール協会が毎年実施しているビジネスメール実態調査ですが、最新の二〇二四年版によると、メールアドレスを保有している人の仕事上のコミュニケーション手段の第一位は「メール」で、九八・六％となっています。

相手をディスターブしない（相手の行動を中断しない）、繰り返し何度でも確認できる、証拠が残るなどメリットも多いのですが、一方でデメリットも存在します。

文章力がなかったり、いわゆる言葉足らずが原因で、次のようなメールになってしまうことがあります。

・内容が誤解されてしまう
・何通りにも解釈ができる
・最悪のケースでは真意や意図が全く伝わらない

また、送る側にそのようなつもりはなくても、きつい表現または失礼な表現と受け取られてしまうと、相手を怒らせてしまったり、不快な気持ちにさせてしまったりする恐れもあります。

メール返信は二四時間以内が原則

メールに関しては、表現や内容以前の問題で相手を不快または不安にさせてしまっていることがあります。それが返信までの時間です。

ビジネスメール実態調査によると、七割近くの人が二四時間以内に返信が来ないと遅いと感じています。

私はせっかちな性格なので、本音を言えば即レスを期待しています。二四時間以内どころか、早ければ早いほうが嬉《うれ》しいです。

返信が遅いと、相手は不安になります。

実際によくあるのですが、何かの手違いで自動的に迷惑メールフォルダに入ってしまうメールがあります。

また、大きなプロジェクトに携わっている人や管理職クラスはCCも含めると、毎日、数百通ものメールが送られてくるそうです。大量に送られてきたメールに紛れ込んでしまい、うっかり見落とされてしまっているかもしれません。

そのような不安は頭の片隅に気がかりとして残ってしまうので、重要な案件に関してメールの返信が来ないと、その気がかりは少なからず集中力の低下につながってしまうのです。

一方で返信側の実態にも目を向けてみましょう。

実態調査によると、返信が遅れてしまう理由の第一位は「すぐに結論が出せない」、第二位は「忙しくて時間がない」、第三位が「第三者の確認や回答、判断が必要」になっています。

こんなとき、二四時間以内に返信するには、どうしたらいいのでしょうか。

「受け取りました」だけでいいので送るようにしましょう。

そして「正式なご回答は、後日させていただきます」と添えてください。

このとき、例えば「正式なご回答は、水曜日の朝イチで見られるようにお送りします」のように、期限に関して明確な日程を入れるとさらに好感度がアップします。

これなら、それほど時間も手間もかかりませんが、これをしてもらうだけで、相手は安心できます。

そのためにも、事前にある程度のフォーマットを作っておくことをおすすめします。形式的な文言で構いませんので、受け取ったことを相手に知らせてください。

相手に余計な不安を抱かせないためにも、受け取ったら即「受け取りましたメール」または「届きましたメール」を送る習慣をつけましょう。

こういう小さなことの積み重ねが、後々の強い信頼関係につながります。

時間管理の復習にもなりますが、常に中長期の視点に立ち、コツコツと信頼を貯蓄することを心がけてください。

ビジネス文書作成に関するポイント

文字で伝える代表例は「メール」ですが、それ以外にも報告書、提案書、企画書、稟《りん》議《ぎ》書《しょ》などがあります。

若いうちは、報告書の提出が一番多いと思いますが、今の時代、職場の改善提案を中心とした提案書の作成や提出を、新入社員をはじめとした若手社員にも義務化している企業が増えています。

ビジネス文書を作成するにあたっては、大きな発想の転換を求められます。

まず、年代にかかわらず驚くほど多くの人が、起承転結を良しとする考えを持っています。起承転結は、漢詩の構成であって、ビジネス文書ではNGです。

この起承転結を良しとする誤った思い込みを持っていると、まず経緯や理由の説明から入り、最後に結論に至るという順番になってしまいます。

その方が、論理的な文章になり、より説得力が増すと思い込んでいる人が、あまりにも多いのです。

報連相の第3原則「まずは結論から」を徹底してください。

もうひとつの発想の転換が必要なのは、文字数に関する誤解です。

学生時代の読書感想文、作文、レポート、論文は、すべて何枚以上という「最低ライン」が設けられます。この第一関門をクリアするのに苦労した経験を誰もが持っていることでしょう。この「最低ライン」は、内容云々《うんぬん》の前に立ちはだかる壁とも言えます。

この壁を乗り越えるために、「長く書く」または「多く書く」ということが、悪い意味で習慣化されてしまっている人が多いのです。

ビジネス文書の大原則は、「シンプルに伝えること」です。

このシンプルに伝えることは、意外と難しいようです。なぜなら、「シンプルに書くと頭が悪いと思われてしまう」という思い込みがあるからです。

そのため、長く書く、または多く書くことに加え、難解な言葉や表現を使いがちですが、これが文章をさらにわかりづらくしてしまっているのです。

これもビジネスメール実態調査の結果ですが、自分の書いたメールに不安を抱くことがある人は約七割います。その不安内容の第一位は「正しく伝わるか（七五・一七％）」です。もちろん、これはメールに限ったことではなく、文章すべてに関して抱いている不安とも言えるでしょう。

正しく伝えるためにも、「シンプルに伝えること」が大事です。

では、どう伝えればいいのか、この後、その説明をします。

複文を避け単文や箇条書きで表現する

単文とは、一つの主語と一つの述語で構成されている文です。

とてもシンプルでわかりやすいのですが、幼稚な印象を与える恐れがあるため、どうしても避けられがちです。

複文とは、主節と言われる単文に、because、When、if などの従位接続詞に導かれた従属節が連結している文章です（よくわからなくても大丈夫です。以下に具体例を挙げますので、そのまま読み進めてください）。

メールでも報告書や提案書でも、この複文が多用されがちです。

これを単文や箇条書きなどシンプルな文章に書き換えることをおすすめします。

もちろん、全ての文章を単文にすることを求めているわけではありません。ただ、意識して、単文を多く使ってください。

例えば、会議室変更のお知らせメールを、何の疑いもなく次のように書いている人が多いのではないでしょうか。

【当初に想定していた参加人数を大幅に超えてしまったこともありますし、他支店から来られた人は場所がわかりづらいということもありますし、まだ三密を避けたいという声も多いので、会場を301から101に変更します。】

これが複文なのですが、ダメな文章の典型です。

何が決定的にダメなのかというと、まず「理由→結論」の順になっていることです。

この複文を単文＋箇条書きに書き換え、順番も「結論→理由」に変えましょう。

模範例は、次のようになります。

会場を301から101に変更します。

理由は以下の三点です。

・当初に想定していた参加人数を大幅に超えてしまった

・他支店から来られた人は場所がわかりづらい

・まだ三密を避けたいという声も多い

書く方も楽だと思いませんか。

読む方も、楽です。パッと一目見ただけで頭の中に内容が入ってきます。ビジュアル的にも簡潔にまとまっているので、非常に理解しやすいのです。

単文での表現は、こんなふうに双方にメリットがあります。

それだけではありません。あらゆるタイプの人に対応できるというメリットもあります。

私はせっかちな性格なので、理由は必要ありません。そのような人は、箇条書きされた理由の部分を読む必要がありません。

もちろん、理由を知りたい人もいるはずです。そのような人は、最後まで読めばいいのです。

ビジネスメール実態調査によると、メールを一通読むのにかかる平均時間は一分二七秒、しかも約七割の人が一通のメールを一分以内に読んでいます。

効率が重視される今の世の中、みんな時間がないのです。

「丁寧に」「わかりやすく」という善意が裏目に出てしまい、どうしても文章が長くなりがちですが、幼稚に感じてしまう文章、場合によっては簡素すぎて冷たい印象を与えてしまう文章、それくらいが、ちょうどいいのです。

書く方も簡単に書けますし、読む方も、すんなり理解できる。この双方に手間のかからない文章が良い文章の典型になります。

「読む相手を長時間拘束せず、しかも書いている自分も文章の作成に長時間拘束されない」。これがビジネスメールの鉄則です。

表現力は語彙数に比例しない

言葉を多く使えば使うほど、文章を長くすればするほど、それだけ多くの情報が相手に伝わると思っていませんか。これも誤った思い込みです。

この誤った思い込みは、文章力は語彙力がモノを言うという思い込みにつながり、その結果、語彙力を増やすことに注力しがちです。

表現力は語彙数に比例しないことを示す興味深いデータをご紹介しましょう。

国語学者の宮島達夫氏の調査によると、五四帖《じょう》で成り立つ『源氏物語』は、一万一四二三語で書かれているそうです。

成人の一般的な語彙数は五万語と言われています。一万語は現代であれば、九歳児の語彙量に相当するそうです。

日本古典の最高峰と言われ、複雑な人間関係と繊細な心理を描写した『源氏物語』は、現代であれば小学校の三～四年生の生徒たちが使う程度の語彙数で描かれているのです。

そして、『土佐日記』は、九八四語で書かれていて、これは現代の三歳児の語彙数に相当するそうです。

語彙力を重視し、難しい言葉を使いたがる傾向のある人は、「表現力は語彙数に比例するわけではない」ということを頭の片隅に置きながら、常にシンプルに伝えることを心がけてください。

視覚情報を活用する

「メール」と「報告書、提案書、企画書、稟議書」は、文字で伝えるという部分は共通していますが、違いもあります。

報告書、提案書、企画書、稟議書は、メールと比べ、ある程度のボリューム（量）と完成度（質）の高さが求められます。

完成度（質）を高めるためには、言葉（文字）だけでは限界があります。それを補うのが視覚情報になります。具体的には、色やレイアウトの工夫をしたり、場合によってはグラフ、写真、図表を添えてください。

具体例を挙げましょう。

皆さんは、「平等」と「公平」の違いを言葉で（文字のみで）説明できますか？

実は、国語辞典で両者の違いを調べても、わかったようなわからないような感覚に陥ってしまうと思います。私なんか、やたらと小難しく説明されているだけで、いいようにごまかされているような気分になってしまいます。

この「平等」と「公平」の違いを明確に理解することは非常に難しいです。理解できていなければ、説明もできません（これこそ正に一〇一ページでご紹介した「インプットなければアウトプットなし」です）。

こんなとき、視覚情報を活用すれば、一瞬にして解決することができます。

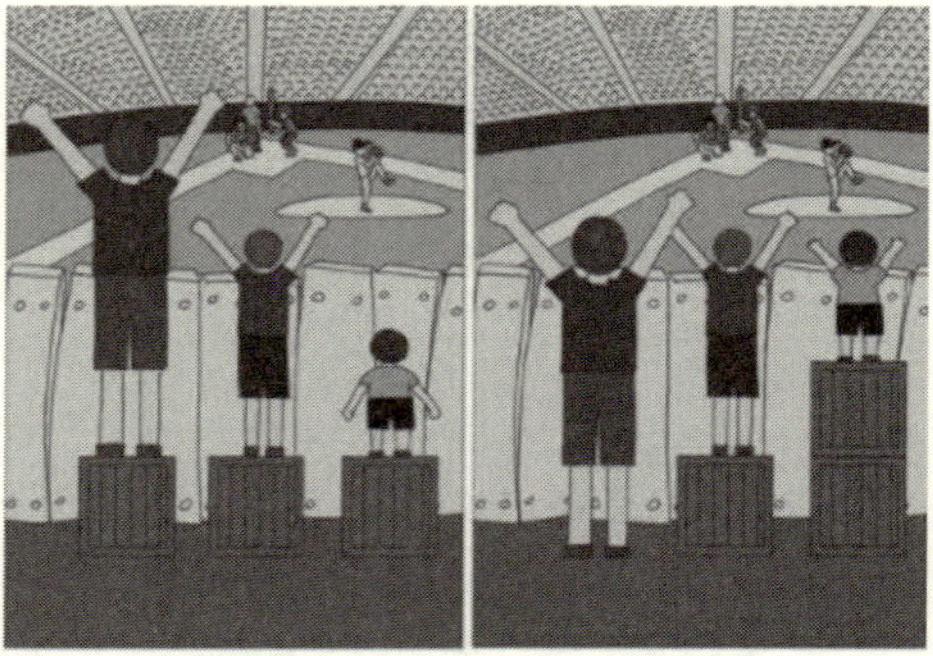

平等　　公平

平等と公平の違い

上の絵を使えば、小学生にだって「平等」と「公平」の違いを理解してもらえるでしょう。外国人にだって説明が可能です。

さらに言葉で補足すると、より効果が増します。

それが何かに喩《たと》えるという方法です。

私は国の施策に喩えて説明しています。

「平等」の観点で行われる施策は、所得制限なく一律に支給される給付金になります。

そして、「公平」の観点で行われている施策が累進課税制度になります。

この喩えるという手法は、日頃から引き出しを準備しておく必要があります。

もし、伝える力を強化したいのなら、難しい言葉を中心とした語彙数を増やすことより、喩えの引き出しを増やすことをおすすめします。

視覚情報と喩えるという方法は、相手の理解を瞬時に深めるだけでなく、記憶にも強く、そして長く残せるようになるのです。

枠組みを明確にする

これはコミュニケーション全般で（「話す」という行為でも、「書く」という行為でも）活用していただきたいスキルなのですが、冒頭で枠組みを明確にすると、コミュニケーションの質を飛躍的に高めることができます。

ここでの枠組みとは、冒頭で明らかにすべき「目的」「時間」「持ち物」「項目数」などのことです。

この枠組みを明確にしないと、どんなことになってしまうと思いますか。

まずは、枠組みを明確にしていないコミュニケーションの実例をご紹介します。

上司から、「ちょっと話があるから、今すぐ会議室に来てください」と言われ、あなた一人だけが会議室に呼び出されたら、どんな心境ですか？

「何の話だろう」と疑問を抱き、恐らく不安になると思います。

このように枠組みが明確にされず、上司から呼び出されたら、多くの人が不安を代表としたマイナスの感情を抱くことになると思います。

このマイナスの感情が曲者《くせもの》なのです。

私たちは不安、緊張、恐怖などマイナスの感情を抱いてしまうと、防衛本能が働き、情報を小出しにせざるを得なくなります。

すると、お互いが探り合いをしているような状況になってしまい、その結果、コミュニケーションの質が著しく低下してしまいます。

一方で、枠組みが明確になっている、このようなお誘いだったら、いかがでしょうか。

「一五分ほど時間をもらえるかな。プロジェクトの役割分担に変更が生じたので、その説明をしたいんだよね。昨日共有した役割分担表を持って、会議室に来てください」

上司からのお誘いですから、多少の緊張感は残るとは思いますが、先ほどと比べると、マイナスの感情はかなり低減しているはずです。

このように枠組みを明確にしてもらえれば、いきなり本題に入れますし、短時間で質の高いコミュニケーションが可能となるのです。

繰り返しになりますが、この冒頭で枠組みを明確にすることは、コミュニケーション全般で効果を発揮します。

今の若者世代は、電話でのコミュニケーションを苦手とする人が多いと聞きますが、これは電話の冒頭でも活用できます。以下のような感じです。

「契約当日に必要となる書類が三点ございまして、本日は、そのご確認でお電話させていただきました」

報連相の五原則には入れませんでしたが、相談や報告の前にも実行してみてください。こんな感じになります（「項目数」も加えたサンプルです）。

「プロジェクトの進め方に関して、二点ほど相談したいことがありますので、一〇分ほどお時間をいただけますか」

これを読む前から、すでに目的は伝えるようにしている人はいると思いますが、時間も大切です。

なぜなら、相手は今行っている業務を一旦中断して、対応してくれています。目的を明確にしてもらえれば、いきなり本題から入れます。ところが時間の経過に伴い、次のような不安が頭をよぎるようになります。

「この話って、あとどれくらい続くのだろう」

対応してくださっている先輩や上司は、この後、会議やお客様対応があって、その準備が必要だったりするかもしれません。次第に気もそぞろになって、話に集中できなくなってしまいます。

目的に加え、時間まで（もちろん場合によっては、必要な書類などの「持ち物」も）明確にすることを習慣化してください。

相手の聴く意識を高める方法

冒頭に「項目数」を伝えると、相手の聴く意識を高めることができます。

その結果、仮にその後はいつもと同じであっても、相手に伝わる確度を高めることができます。

私の実例をご紹介します。

私の大学時代の同級生で、大企業の人事部長をしている友人がいます。

彼は話すのが下手です。

ときどき彼から電話をもらうのですが、毎回必ず長電話になります。

いつも電話を切った後、妻に「ずいぶん長く話してたけど、何の要件だったの」と訊かれるのですが、「毎回のことだけど、何の用事で電話してきたのか、さっぱりわからないんだよね」と答えているくらいです。

ある日、私は思い切って、これからは冒頭に項目数を伝えるようにしてほしいと彼にお願いしました。

そうしたら、その後、それだけは実行してくれるようになりました。

つい先日も電話をもらったのですが、「確認したいことが二点あって電話したんだけど……」から始まりました。

いつものように話があちこちに飛び、脱線の連続なのですが、私はこの二つの要件を必死に聴き取ろうと意識しましたので、何とか聴き取ることができました。

それは以下の二点でした。
・弊社が加盟している業界団体で講演をしてくれる講師を探しているのだけれど、内田のことを紹介してもいいかな。

・毎年お願いしている管理職研修を今年度も内田にお願いしたいので、例年どおり六月の第二週をおさえておいてほしい。

このように、冒頭で項目数を伝えてもらえると、それ以降はいつもと同じであっても、意識と集中力が高まり、要点を聴き取ることができるようになります。

伝えることを苦手としている人は、まずはここから始めるだけでも、相手はずいぶんと助かるはずです。

もちろん、これは電話や直接の会話だけでなく、メールでも実行してみてください。

スピード重視か完成度重視か

ある程度のボリューム（枚数）と完成度（質）が求められる報告書や提案書の作成にあたって、皆さんは、スピードと完成度とでは、どちらを重視しますか？

私が研修やコーチングをしていると、若い人たちは、八〇点くらいを目安とした完成度を重視する人が多いように感じます。

一方で、昭和世代は、スピードを重視する人が圧倒的に多いです。

ここも世代間ギャップの一例と言えるでしょう。

もちろん拙速という言葉もあるように、ただ早ければそれでいいというわけではありません。

八三ページの「何が相手をイライラさせているのか」の③に抵触するような完成度の低さでは話になりませんが、「拙速は巧遅に勝る」という格言もあります。完成度を重視する余り、時間をかけ過ぎてしまうのもダメです。

多くの先輩や上司は八〇点を求めていません。七〇点で大丈夫です。

少しだけ基準を下げて、その代わりにスピードを重視する方が得策です。

特に初めて取り組む書類や不慣れな書類は、いくら一人で考えても、完璧なものはできあがりません。堂々巡りで時間の無駄になってしまうことも多いです。

場合によっては、完成度七〇点に達していなくても大丈夫です。

草案ともいえる「たたき台」を、まずは用意しましょう。その「たたき台」は、その時点における皆さんの頭の中を見える化したものと言いかえることができます。

その「たたき台」をもとに、先輩や上司からフィードバックを受けながら改善を進め、完成度を一歩ずつ高めていくことをおすすめします。

もし「たたき台」も作れないほど行き詰まってしまった場合は、概要だけでもいいので、まずは作成しましょう。

それをもとに、先輩や上司にこまめに相談したり、チェックをお願いし、その都度、フィードバックやアドバイスをもらいながら、スモールステップで完成度を高めていきましょう。

提案書にはフォーマットがあれば心強い

報告書は時系列で書いても問題ありませんので、すでにご説明した「単文＋箇条書き」を意識して作成してください。

難しいのは提案書です。

これに関しては、フォーマットがあれば時短になりますし完成度も上がります。

もちろん、相手にも読みやすい提案書が作成できますので、書く側と読む側の双方にとってメリットがあります。

スピードと完成度を両立させるフォーマットが、これからご紹介する「GROWモデル」です。

G	Goal：目標設定（結論）
R	Reality：現状把握
R	Resource：資源の発見
O	Obstacle：障害の明確化
O	Option：選択肢の創造
W	When：期限の設定

GROWモデル

GROWモデル
職場環境の改善提案を例に説明します。

①G：Goal 目標設定
まずは「結論」からです。

「どんな職場改善をしたいのか」または「理想とする職場環境」を簡潔に書きましょう。

これは、「表題」や「タイトル」にしてもいいです。

②R：Reality 現状把握
次が現状把握になります。

皆さんが日頃感じている問題点など、職場の現状を列挙してください。

ここでも、なるべく単文＋箇条書きを意識しましょう。

③R：Resource 資源の発見

人、モノ、金、時間、情報、経験、知識、類似例など、あなたが推し進めたいと思っている職場改善を実施したり、計画案を進めるに当たって使える材料が、この「Resource」になります。

冷静かつ客観的な棚卸し作業が必要になりますので、先輩や上司にサポートしてもらうと、より多くの「Resource」を発見できると思います。

この後に説明しますが、GROWモデルで最も重要な項目が、「⑤Option：選択肢の創造」です。「Resource」は、その「Option」を考える際の材料となります。

この「Resource」だけの項目を作って列挙するよりも、この後に説明する「Option」の中に組み込んでしまった方がスリムな提案書になると思います。

④O：Obstacle 障害の明確化

たいていのケースで、あなたの提案に対して、先輩や上司は「そうは言っても、改善に向けて、こんなネックや障害があるよね」というツッコミをいれてきます。

そのツッコミどころを事前に想定して、提案書の中にいれてしまうのが、この

「Obstacle：障害の明確化」です。

現実問題として、改善提案の実施に当たって、こんな問題や障害があります。それはわかっています。わかった上での提案ですというアピールを、この「Obstacle：障害の明確化」によってすることができるのです。

現状把握にいれても構わないのですが、別項目として、改めて言及すると、ぐっと説得力が増します。

この「Obstacle：障害の明確化」は、料理で言えばスパイス的な効果を発揮してくれますので、提案書がピリッと引き立ちます。

⑤O：Option 選択肢の創造

「Option（選択肢）」とは、「職場環境の改善」という目標達成または問題解決のための方法手段のことです。

英語だと「Ｈｏｗ」で始まる質問によって導かれる答えになります。いわゆるアクションプランの作成です。

繰り返しになりますが、ＧＲＯＷモデルで最も重要な項目が、この「⑤Option：選択肢の創造」です。できるだけ多くの「Option」を考え出してください。

二つではダメです。三つ以上が原則です。

そして、そのヒントや材料が前述の「Resource：資源の発見」になります。

どんな「Resource（資源）」を、どのように活用すれば、理想の職場に近づくのか、知恵を絞りそのアイデアを考えるのが、この「Option：選択肢の創造」になります。

さまざまな制約や障害（Obstacle）はあるけれど、使えるモノは何でも活用するという姿勢で、実現可能性にとらわれず、柔軟な発想で知恵を絞ってください。

そのためには、ここでも先輩や上司のサポートを受けることをおすすめします。

「Option：選択肢の創造」は、料理で言えばメインディッシュです。

この「Option：選択肢の創造」の部分が、提案書の優劣を左右すると言っても過言ではありません。

⑥W：When 期限の設定

「何をいつから」または「何をいつまでに」を時系列でスモールステップのタイムスケジュールとして示すのが、この「When：期限の設定」になります。

改善提案を進めるに当たっての全体のスケジュールまたは計画表のようなものです。

ちゃんと意思表示をする

本章の最後に、ちょっとした工夫で大きな効果を得ることができる伝え方のコツをご紹介します。

その前に、まずおさえておきたいことは、Yes または No の明確な意思表示をすることの大切さです。

特に No をハッキリ伝えることはビジネスの現場では、とても大事なことです。

提案やお誘いに対して、悪いお返事をしなければならないとき、申し訳ないという心理が働き、どうしても返答を後回しにしてしまいがちです。

断るしか選択肢がないのに、なかなか言い出せず返事を保留したまま放置しているうちに、連絡するのを忘れてしまう人もいます。

一番相手を傷つけるのは「No」という返事よりむしろ、その結果を連絡しないことです。

私も仕事柄いろいろな提案をすることがありますが、音信不通が一番困ります。結果がわからず区切りがつかないと、気持ちは常に、そこに居続けてしまいます。極端な話、「不採用」でもいいんです。ダメでも区切りがつけば気持ちはスッキリしますので、次の行動に移れます。

Noと言うのが苦手な人へ

日本人は全体として、人からの要求や依頼に対しNoと言う（お断りする）ことを苦手としている人が多いように感じます。

そのような人たちは、頭の中に「Noと言う（お断りする）＝相手に迷惑をかける、または不快感を与えてしまう」という図式を持っているのではないでしょうか。

これも誤った思い込みです。

もちろん、本当は出来るのに面倒だからという理由で要求や依頼を断るのは、一番してはいけないことです。そんなことをしていたら、どんどん人間関係は悪化し、仕事も信頼も失うことになってしまうでしょう。

しかし、何でもかんでもハイハイと安請け合いしてしまえば、仕事を抱え込みすぎてしまうことにもなりかねません。結果として、完成度の低い仕事をしてしまったり、締め切りに間に合わなかったりすれば、相手に迷惑をかけてしまいますし、当然ですが信頼も失います。

相手のためにも、そして何より自分自身のためにも、無理なら要求や依頼を丁寧に断ることが大事です。

ただ、「無理です」「できません」という断り方だと、これも何度も続けていれば、相手に迷惑をかけてしまいますし、次第に信頼も失ってしまいます。

また、性格的に、Noというのが苦手ではなかったとしても、新入社員や若手社員は、立場的にNoというのが難しいケースも多いはずです。

私はもともと、Noと言うことに、あまり抵抗はない性格なのですが、それでも新入社員や若手社員のときは、先輩や上司そしてお客様からの要望や依頼にNoと言うのは気が引けました。

そこでご紹介したいのが、「No, but〜」という代替案を示すという断り方です。

例えば、「水曜日の午後三時までに資料を作ってほしい」と依頼されたのですが、現状に鑑みて無理なようであれば、「申し訳ございません。水曜日の午後三時までは無理ですが、金曜日の午前中までであれば、仕上げることができます」みたいな感じになります。

このような断り方であれば、「No」と言うのが苦手な人にとっても、少しハードルが下がるのではないでしょうか。

また、このように代替案を示すことによって、「No」が言いやすくなるだけでなく、お互いが納得のいく着地点に到達できる可能性が高まります。

さらに、プライベートでも、友人からのお誘いを断るのが苦手という人が多いように感じます。

そのような人たちは、お誘いに対して「Noと言う（お誘いを断る）＝嫌われてしまう、二度と誘ってもらえなくなる」という図式を頭の中に持っているのではないでしょうか。

これも誤った思い込みです。

イヤイヤ参加して、スマホばっかりいじっていたり、つまらなそうにしている方が嫌われてしまうと思います。

このような場面でも、「No, but～」を使ってみてください。

例えば、同期社員からの飲み会の誘いに対して、丁寧にお断りした後、無理である理由を言い訳がましくならないくらいにシンプルに（簡潔に）伝え、その後に「but～（でも～）」と続けてください。

「ごめんなさい。今夜は他に約束があっていけないんだ」＋「でもまた次の機会に誘ってくれたら嬉しいな」とか「でも、次は私から誘わせてもらうね」みたいな感じです。

相手を不快にさせない断り方

多くの人が要求や依頼を断るのに苦労している反面、相手の善意の勧めに関しては、いとも簡単に断っているという現状があります。

よくある例を二つご紹介します。

「これ、すごく便利なタスク管理ツールだよ、ぜひ試してみて」という同期社員からのおすすめを、「別に必要ないよ」とぶっきら棒に断ってしまったり……。

「立ってるのも何だから、ここに座ったら」という先輩社員からの親切な配慮に対して「いいえ、大丈夫です」と、素っ気なく断ってしまったり……。

この二例は反射的に即答していることが多く、発言者本人に全く悪気はありません。

しかし、厚意、親切、愛情、配慮から行った善意の発言を拒絶された相手は、一抹の寂しさを感じてしまうことでしょう。

こんなとき、英語では有名な「Thank you, but no thank you」がおすすめです。冒頭に「ありがとうございます」を付け加えるだけで、相手に与える印象は変わります。

実は、かく言う私も、反射的にNo thank you（いや、いいよ）と言ってしまってから、内心で「しまった！」を繰り返しています。ですから、いまだになかなか実行には移せていないのですが、先日、実際にこれを言われてみて、その効果を実感しました。

私が電車に乗っていたときの出来事です。

私の乗っていた車両に、アジア系の外国人夫婦が乗車してきました。ご主人は小さいお子さんを抱きかかえていて、奥様は身重の体でした。私の斜め前方に立っていたのですが、何語を使えばいいのかわからなかったので、私は手を伸ばして、ご主人の腕にトントンと指で触れてから、自分が座っている場所を指さし、この席をどうぞという合図をしました。

するとご主人は、にっこり微笑《ほほえ》みながら、「Thank you, but no thank you. We'll get off at the next station.（ありがとう、でも大丈夫です。次の駅で降りますから）」と言ったのです。その洗練された断り方に、私は清々《すがすが》しい気分になり、思わず心の中で「かっこいい！」と叫んでしまいました。

相手が喜ぶ承諾

上手な断り方の次に、上手な承諾の方法をご紹介します。

それが、「Yes, and〜（はい、そして〜）」です。

実は、この「Yes, and～」は、インプロの基本的な手法としても有名です。インプロとは、インプロヴィゼーション（＝即興）の略で、もともとは台本なしで行われる演劇のことです。舞台俳優の感性を養い、コミュニケーション能力を高めるトレーニング手法として知られています。

台本もリハーサルも打ち合わせもないインプロの世界では、出演者が共演者の発言を受け入れなければ進行を妨げることになってしまいます。

共演者の発言を受け入れ（Yes）、その後に新たな発言を追加すること（and）によってシーンを展開することが可能となるのです。

今回は、これを承諾に添える言葉として応用していきます。

まずはプライベート編をご紹介します。

あなたが仲の良い同期社員を「〇〇のライブチケットが取れたんだけど、一緒に見に行かない？」と誘ったと仮定しましょう。

「いいよ」という返事と「いいですね。そして、その後、どこか近くで食事でもしませんか」という返事とでは、どちらの方が嬉しいですか。

このように相手からのお誘いを受け入れるときには、ただ単に「Yes」と言うよりも、「Yes, and～」の方が、その誘いに喜んでいて、非常に乗り気になっていることが伝わりますので、誘った方としては、より嬉しい返事となるはずです。

また、「そして、その後、どこか近くで食事でもしませんか」という相手の発言をふまえて「いいね、じゃあ評判のいいお店を探しておくね」というように「Yes, and～」のスパイラルが生まれるかもしれません。

仕事であれば、「Yes」でまず相手の依頼を引き受け、続いて「and～」で自分のアイデアを添えてみてください。

サンプルを二例ほど紹介しておきます。

・先輩から、「申し訳ないけど、会議の資料を準備してもらえるかな」という依頼に対して、「承知しました。それと参加者全員分の飲み物も用意しておきましょうか」

・上司から、「悪いんだけど、お客様に商品のサンプルを送っておいてもらえるかな」という依頼に対して、「承知しました。念のため、本日送付した旨、メールもお送りしておきます」

私が新入社員そして若手社員のとき、経験が少なかったせいもあり、職場では常にいっぱいいっぱいの状態で、言われたことをこなすだけで精一杯でした。すると先輩や上司からは「言われたことしかできない」とか「気が利かない」と批判されました。

この「Yes, and～」を発言して実行することを習慣化できるようになれば、そんな嫌味も言われなくなります。それどころか評価は、どんどん上昇していくはずです。

さらに応用編、「No, but」との合わせ技もご紹介しておきますね。

それが、「No, but～, and……」です。

「一〇日までに資料を仕上げてもらえるかな」という上司からの依頼や要望に対して、「申し訳ございません。その締め切りでは、ちょっと難しいです。でも、もし一五日まで締め切りを延ばしていただけるのなら、先日実施したお客様へのアンケート結果の集計を盛り込んだより完成度の高い資料がつくれます」のように、「No, but」の後にあなたの新たな提案を添えれば、相手は最初の「No（お断り）」はすっかり忘れ、単なる「Yes」よりもっと喜んでもらえる対応となるでしょう。

インタビュー③ 大下元《おおしたはじめ》さん

ご略歴：山口県出身。早稲田大学法学部を卒業。

一九八二年、日本鋼管（現ＪＦＥエンジニアリング）に入社。

現在、ＪＦＥエンジニアリング特別顧問。

ＪＦＥエンジニアリング：四四ページで、すでにご紹介しておりますが、もう少し補足させていただきます。

世界中の人々の、より快適で豊かな生活づくりに貢献できるような「総合エンジニアリングカンパニー」を目指して、環境プラント（ごみ焼却プラント等）、エネルギープラント（天然ガスパイプライン等）、社会インフラ（長大橋等）、リサイクル施設（プラスチック、食品等）など社会基盤や産業の根幹を成す商品・サービスを提供しています。

社員数（グループ会社含む）は、約一万一〇〇〇名の会社です。

二〇一七年から二〇二四年までの長年にわたり、JFEエンジニアリングの社長として大企業とその社員を率いてきた大下元前社長にインタビューを実施しました。

現在はJFEエンジニアリング特別顧問に加え、西松建設の社外取締役と日本環境衛生施設工業会の会長を兼務。

（なお、このインタビューは大下さんが社長在任中の二〇二四年二月に実施したものです。）

内田　入社時に今の社長というポジションに就かれることはイメージしていましたか？

大下さん　全くイメージしていませんでした。負けず嫌いの性格なので、出世欲ゼロではなかったのですが、父親が県庁の部長をしていたので、部長くらいまでは出世したいなくらいに漠然とは考えていました。

内田　キャリアに関するエピソードをお聴かせいただけますか。

大下さん　私には在野精神とでも言うのでしょうか、権威に対する反発心みたいなものがあって、自民党、巨人軍、新日鉄に抵抗感がありました。

海外プラントに携わる仕事がしたかったのですが、そんな在野精神があったため、第一志望が神戸製鋼、第二志望が丸紅で当社は第三志望でした。第三志望の日本鋼管に入社した理由は、内定が一番最初に出たからです。

ところが、入社して実際に配属されたのは当時、清水（静岡県）にあった造船主体の製作所の経理部門でした。そこで六年も嫌いな経理の仕事をして、更に鶴見製作所（横浜市）に異動して、そこでも経理に四年も携わりました。

そして何と苦節三三年です。入社して三三年たった二〇一五年になって、ようやく希望がかないました。

もう、すでにマネジメント中心の職務であったため、月二回程度の海外出張ではありましたが、ようやく念願の海外プラントに携わることができたのです。

内田　若い人たちに向けて、アドバイスを頂戴できますか。

大下さん　タイパ重視の今の若い人たちは、焦りすぎのような気がしています。

実は、私は大学を二年も留年して、二四歳で当社に就職しています。

今の若い人たちは、学生時代の区切りを基準にして、キャリアをはじめとした物事を三年くらいのサイクルで考えている人が多いように感じますが、そんなに生き急ぐ必要はないと思っています。

それよりも若いうちは、地味な仕事であっても愚直に取り組み、そこから基礎を徹底的に身につけることが大事です。

それと、今の若い人たちは早い段階で自分の適性を決めつけすぎているような気がします。

人事そして職場の先輩や上司など、周りの目、いいかえれば周囲からのフィードバックは正しいことが多いです。

自分には何が向いているのかは、若いうちはわからないことが多いので、スペシャリストとして生きるというキャリアプランがある人でも、ある時期、違う仕事を経験した方がいいと思っています。

そのためには、担当以外の仕事であっても、厭《いと》わずにチャレンジしてほしいです。

内田　私生活も含めて、何かアドバイスをいただけますか。

大下さん　これに関しては、今の若い人たちの方が上手だとは思いますが、オンとオフの切り替えを上手に行い、仕事とプライベートの両方を充実させることが大切です。

ちなみに、現在すでに取り組んでいることも含め、私が今後「やりたいこと」と「続けたいこと」は、次の四つです。

まず仕事に関しては、ベンチャービジネスの後方支援、そして大学で若い人たちに「環境問題」の講義をしたいです。

私生活では、今も取り組んでいるマラソン（ハーフが中心）、そして自宅が海に近いのでサーフィンは、今後も続けていきたいです。

第4章　ウェルビーイングの実現に向けて

時代とともに変わっていくものもありますが、これまで、ご紹介してきた内容は、基本的ではあるものの、普遍的かつ不変の原則のようなものです。

いつの時代であっても求められ、通用するものであり、どんな業種の企業に就職し、どんな職種に就いたとしても、即効性があり、それを実感できる知識とスキルです。

本書に込める私の思いは、皆さんだけでなく、皆さんを受け入れる企業の先輩や上司も、お互いがストレスを感じず、スムーズに業務を進められるようになることです。

本書を手にしてくださった皆さんの社会人生活が順調に進むことを願っています。

ただ、実際問題として、時には想定外の現実に直面し、行き詰まってしまうこともあるでしょう。

本章では、そのようなときに備えて、知っておいてほしいこと、実行してほしいことをご紹介します。

仕事で良いパフォーマンスを発揮するためにも、さらに言えば、充実した人生を送るためにも、心身ともに健康であることが大前提です。

皆さんは、ウェルビーイングという言葉をご存じでしょうか。

「ウェルビーイング（Well-being）」とは、身体的、精神的に健康な状態であるだけでなく、社会的、経済的に良好で満たされている状態にあることを意味する概念です。

ウェルビーイング（Well-being）は、「良い（Well）」と「状態（Being）」からできた言葉で、一九四六年に署名され日本では一九五一年に公布された、WHO（世界保健機関）憲章で、以下のように定められています。

「健康とは、単に病気ではないとか、弱っていないということではなく、肉体的にも、精神的にも、そして社会的にも、すべてが満たされた良い状態にあることをいいます」

本章では、そのウェルビーイングにも直結する内容をご紹介します。

頼ることも技術

困ってしまったとき、悩んでいるとき、それらの問題を一人で抱え込まず、周囲の人に頼ることが大事です。

もちろん、自助努力も大切であり、それを否定するつもりはありません。学生時代の勉強や個人競技のスポーツなどに関しては、自身の成長のためにも、人に頼らず独力でがんばり抜くことは、とても大事なことです。

ただ一方で、学園祭の準備や団体競技のスポーツなど、参加者全員がみんなで協力し合って、何かを成し遂げなくてはならないこともあったと思います。

もちろん業種や職種にもよりますが、社会人になると、このチームや組織で成し遂げなくてはならない活動の比率は高まります。

このような、チームで進める物事は、一人で黙々と取り組まれたり、独断で行動されると、全体としては、むしろ迷惑になってしまうこともあるのです。

何か疑問や問題が発生したり、不都合なことが起こったら、一人で悩んだり、一人で抱え込み何とかしようとするのではなく、まずは誰かに相談しましょう。

勇気を持って声をあげ、サポートを求めることは、負けを認めることではありません。誰かに頼ったり、誰かの力を借りることは、物事を円滑に進めるための技術です。

繰り返しになりますが、自助努力を否定しているわけではありません。

本章の最後に自助努力に関するヒントもご紹介しますが、まずは人に頼ることのメリットや、そのコツに関して説明していきます。

もし行き詰まってしまったら

もし今後、仕事だけでなく、プライベートの問題であっても、行き詰まってしまったときのために、次の二点を覚えておいてください。

・自分だけが大変だと思わない
・自分だけで何とかしようとしない

何か大きな問題に直面したとき、絶望的な状況に陥ってしまったとき、とかく私たちは、自分だけの特殊な問題だと思い込み、その結果、自分だけが大変な目に遭っているという思考に陥りがちです。

すると誰かに打ち明けたり、相談したところで、どうせ打開することはできないと思い、問題を抱え込んでしまいます。

ところが、思い切って身近な人に相談したり、打ち明けてみると、その相手も同じような経験があったり、その相手本人ではなくても、その人の近くに同じような経験を持つ人がいたりするものです。

その相談相手から、効果的なアドバイスをもらえたり、頼れる人や機関を紹介してもらえたりなど、解決の糸口が見つかることが多々あります。

具体的な内容に関しては伏せておいても、上司や労働組合に相談してみると、外部の専門家を紹介してもらえる可能性もあります。

中小企業であれば、経営者の個人的なつながりで、専門家を紹介してもらえたりもします。たまたま学生時代の友人で弁護士をしている人を紹介してもらえたなどという話は決して珍しいことではありません。

ただ、言葉で発しなければ、何に悩んでいるのかはわかりませんし、極端な話、何も悩み事なんてないと思われてしまいます。

第3章でもお伝えしましたように、まずは言葉によって見える化しないと、解決の糸口は見つかりません。

悩み事や困り事などは抱え込まず、とにかく発信することが大切です。

もちろん相談内容にもよりますが、まずは職場の先輩や上司に相談するのがよいでしょう。それが無理なら、総務・人事の人たち、大きな企業であれば保健師や産業医に頼るという方法もあります。

労働組合に相談の窓口があったり、社内にさまざまな困りごとに関するホットラインがあるかもしれません。社内にはなかったとしても、外部機関へのホットラインを持っている会社もあります。

都道府県の弁護士会が定期的に開催している相談会のようなものもあります。

ただ、ハラスメント系の相談に関しては、内部通報制度の信用度は組織によって大きく異なるため、まず最初、どこに、または誰に相談するべきかは一概には言えません。これに関しては、相談先や相談者を慎重に選ばないと逆効果になってしまうこともありますので注意が必要です。

ただ、それ以外の相談事であれば、基本的には、まずは身近な人に相談することを、私はおすすめしています。身近な人の方が、実情を把握してくれていることが多いので、より適切な対応をしてもらえる可能性が高いからです。

いずれにしても、活用できるものは最大限活用しましょう。

同期社員の存在も心強い

ちょっと落ち込んでいるくらいであれば、同期社員や学生時代の同級生との情報交換も効果があります。

私の実体験をご紹介します。

私が入社して半年くらいたった頃に同期会が開催されました。そこには、三〇名くらいが集まりました。

お酒が回ってくると、あちこちのテーブルで本音トークが始まりました。そのほとんどが職場の愚痴や不平不満でした。

当時の新入社員が抱いていた愚痴や不平不満は、三〇年以上たった今でも、あまり変わっていないと思います。いくつか列挙しておきます。

「先輩社員の中に、相性の悪い人がいてさ……」

「上司と世代間（ジェネレーション）ギャップを感じるんだよね……」

「世間の常識と○○（入社した会社名）の常識が、あまりにも違いすぎて……」

「会社説明会のときに聴いていた話と現実が違いすぎる……」

「仕事の内容が想像していたものと、ずいぶん違っていた……」

次から次へと出てくる愚痴や不平不満のほとんどが自分にも当てはまることばかりで、何だか妙に安心したというか、救われたような感覚を今でも鮮明に覚えています。

問題が解決されたわけではないのですが、精神的には、とても楽になれました。

みんな同じようなことで悩んでいるんだと知れただけで、孤独感のようなものが解消されたのです。みんな仲間というか、みんな同志なんだという安心感に包まれ、もうちょっとがんばってみようという気になれました。

このように仮に問題が解決しなかったとしても、悩みや愚痴や不平不満を誰かと共有するだけで気持ちが楽になることがあります。

わかちあえば、喜びや嬉《うれ》しさは倍増し、悲しさや苦しみは半減すると言われています。

同期社員や学生時代の同級生、そして年の近い先輩との情報交換の効果は、意外とあなどれないものがあります。

相談に関する五つの障害

私が新入社員をはじめとした若手社員に研修をするとき、「人に頼ることの大切さ」を必ず説明しています。

それでも、受講者からは「どうしても躊躇《ちゅうちょ》してしまう」という声が漏れてきます。理由を訊《き》くと、たいてい次の五つが出てきます。

①誰に、または、どこに相談すればいいのかわからない
②相談したら周囲の人たちにバレる
③評価や査定に悪影響を及ぼす
④相談しても「がんばりが足りない」みたいな説教をされそう
⑤忙しそうにしている先輩や上司を見ていると、どうしても遠慮してしまう
　拒絶されてしまうのではないかという恐怖心もある

このような理由から、私が困ったら相談しなさいと言っても、どうしてもためらってしまうようです。

これら①〜⑤までは、会社側（もっと厳密に言えば、総務・人事）または直属の先輩や上司が解決しなくてはならない問題とも言えます。

もし皆さんが勤めている会社が、この点に関して不備があるのなら、ぜひ総務・人事の担当者や直属の先輩または上司に、本書で説明する以下の記述を見せて、対応をお願いしてください。

まず、①に関しては、恐らくほとんどの企業で入社時に「こんな不都合が発生したときには、どこどこに問い合わせてください」みたいな説明がされていると思います。

でも、入社時は、いろいろと落ち着かず、気持ちがソワソワしていますし、困り事って実際に直面してみないとピンとこないことが多いので、ほとんど記憶に残りません。

入社時に伝えているから、それで終わり、覚えているはずみたいな考えは、会社側の怠慢と言えます。

入社時にされた会社側の説明は忘れてしまいがちですし、そのときに配られたはずの資料等も紛失してしまっていることが多いと思います。

この件に関しては、会社側が折に触れて、繰り返しアナウンスすることが大切です。それに加えて、今の時代であれば、いつでも閲覧できる専用の社内ポータルサイトを会社側が作成するべきだと思います。

実際、あまり知られたくないような問題に直面してしまったとき、サイトがあれば非常に助かります。

また、サイトの存在自体を忘れてしまっていても、先輩や上司からポータルサイトがあるよとアドバイスされれば、それだけで解決に向けた選択肢が増え、第一歩が踏み出せる可能性が高まるはずです。

会社にポータルサイト等が設けられていない場合は、やはり、まず身近な先輩や上司、それが無理なら総務・人事という順番で問い合わせてみてください。

そして、女性には女性にしか相談できない悩み事や相談もあると思います。

職場に女性がいなければ、他部署の先輩女性や女性管理職、総務・人事の女性社員、または学校のOG社員や同郷の女性社員に、まずは相談してみてください。女性の保健師さんも含め、予防的に日頃から候補になりそうな人とコミュニケーションを取っておくと、困ったときに、より相談しやすくなると思います。

上司との1on1面談を活用する

今、多くの企業で1on1面談が制度化しています。

私は、この1on1面談を悩み事や困り事を解決するためのファーストステップとして活用していただきたいと思っていますし、1on1面談を制度として導入している企業側もそれを想定しているはずです。

しかし、実際には、せっかく導入した1on1面談が、思ったほどの効果を上げていないケースが多発しています。それどころか、単なる時間のムダで終わってしまっているケースすらあるのです。

これは②③④に関して、ルールや管理職研修が整備されていないなど、会社側の取り組みが不十分であることが原因です。

現場責任者の生の声

この②③④に関しては、私のクライアント企業の実例をご紹介します。

ＪＦＥエンジニアリングでは、二〇二二年度から、1 on 1面談を正式に制度として導入しました。

その制度導入の責任者（プロジェクトマネージャー）を務めているＪＦＥキャリアナビ代表取締役社長の土屋浩志《ひろし》さんに取り組みの現状をお聴きしました。

1 on 1面談は、今や大企業の七～八割が導入している制度であり、一大ブームとも言える状況です。それにもかかわらず、せっかくの制度が機能していない企業が多く、形骸化しているという実情を多く耳にします。

まず第一の原因は、上司の側に面談スキルが不足していることが挙げられます。実際、面談にはスキルが必要だと知って驚く管理職が多いというのが実情です。みんな自己流で行っていて、それで問題がないと思い込んでしまっていることこそが問題です。

また、管理職の多くが昭和型の古いマネジメントを経験している世代です。私たちは、誰かから教えてもらわないと、何の疑いもなく自分がされてきたことを部下に対しても行ってしまいがちです。

それを象徴するのが、④です。部下は、まずは今の大変な状況を少しでも理解してもらいたい。あわよくば共感してもらえたら嬉しいと思って、上司に相談しているのに、「がんばりが足りない」みたいな言葉で一蹴されてしまったら、もうその後、1 on 1面談で本音の話はしてくれなくなってしまうでしょう。

もちろん上司に悪気はありません。一〇〇%善意で行っている叱咤《しった》激励なのですが、場合によっては、部下を突き放してしまったり、追い詰めてしまっていることもあるわけです。これでは、せっかくの1 on 1面談が双方にとって時間のムダになってしまいます。

この部分を解決するために内田さんに研修をお願いしたわけです。

まず、ベーシック編の研修をまる一日受講してもらい、ある程度の実践的な経験を積んでもらってから、半年後くらいを目安にして、アドバンス編の半日研修を二回受講してもらいました。合計するとまる二日間の研修を約三〇〇名のラインマネージャーに受講してもらいました。

多忙を極めるマネージャーに、ベーシック編とアドバンス編という形で計三回に分けて、まる二日の研修を実施したわけですから、当然、いくら何でも研修のやりすぎだと反発があったのは事実です。

ただ、会社側の覚悟を知ってもらうためにも、そしてちゃんとした面談スキルを身につけてもらうためにも、必要であったと自信を持って言えます。

そして、これは①にも関連することなのですが、いつでもアクセスできるように、1on1面談に特化したガイドラインを作成し、社内ポータルに掲載しました。

そこには、この制度を取り入れる経緯や趣旨、他の面談との違い、実施に当たっての注意点などを詳しく掲載しています。今後も内容を適宜更新し、より充実させていくつもりです。

もちろん、これで十分とは思っていませんので、内田さんの研修実施前に、ベーシック編の時は三〇分、アドバンス編の時は一五分ほど時間をいただいてポータルサイトに掲載した内容のポイント部分を繰り返し丁寧に説明しました。

弊社では、今回の人事制度改定で、従来から実施していた「目標管理面談」を充実させるとともに、新たに「1 on 1面談」を付け加えたのですが、上司と部下の一対一の面談という形態は同じでも、従来の「目標管理面談」と今回導入した「1 on 1面談」は、趣旨や目的が異なる別の面談であることを理解してもらう必要がありました。

そこで強調したのが「1 on 1面談＝部下のための時間」というキーワードです。

1 on 1面談は、「部下のための時間」ですから、部下が望むのであれば、仕事以外の話も、もちろんOKです。仕事とプライベートは根底でつながっています。どんな悩み事であっても遠慮なく相談することで、解決への糸口が見つかることも少なくありません。

そして、ここも大事なポイントになりますが、面談を受ける側の部下にも研修を実施する必要があることに気づきました。

やはり1 on 1面談を実施する側（上司）と受ける側（部下）の双方が、その制度の趣旨や目的、ルールなどの前提を理解していなければ、効果的な面談は成立しません。

私たちは、1 on 1面談を受ける側である部下に対しても、内田さんとは別の会社に研修をお願いし、その中で部下側から出てきた不満や誤解を集約し、守るべきルールとして社員に周知したのですが、そこには当然、②と③が含まれます。

もちろん、これも内田さんの研修実施前の説明の中に入れていますし、ポータルサイトにも掲載しています。

（1）守秘義務宣言：プライベートに関する相談内容を平気で職場の人たちにペラペラと喋《しゃべ》られてしまっては、本音で話せるわけがありません。

（2）査定には反映しない宣言：もし1 on 1面談の内容が査定に反映してしまうのであれば、部下は上司が喜びそうな答え、または上司が期待しているような模範解答的な発言に終始してしまいます。

（3）場所と時間の確保：人が出入りするようなところでは集中もできませんし、守秘義務も守られません。安心して話ができる場所と時間の確保は大前提となります。

（4）日頃の信頼関係：これも非常に重要なポイントです。当たり前ですが、信頼関係も効果的な1 on 1面談の大前提になります。ただ、信頼関係は、一朝一夕で築き上げられるものではありませんので、今後の課題にもなります。あらゆる層に対して継続的にコミュニケーションに関する研修を実施する必要があるでしょう。

（5）テーマの事前準備または事前共有：今の若い人たちは、タイパを重視しますので、短い時間で質の高い面談を実現するためにも重要なルールです。その場で思いついたことを話してもらうのではなく、何の話をしたいのか、何に関して相談したいのか、部下に事前に準備をしてもらうことが大切です。会社によって名称は異なりますが、記入シートを事前に共有することをすすめています。

上司の側が、ちゃんとした面談スキルを習得し、こうしたルールを徹底しなければ、1 on 1面談は形骸化してしまい、機能しなくなってしまうと考えています。

頼られることは迷惑ではない

最後、⑤に関して、補足させていただきます。

相談することに心理的な抵抗のある人は、「相手に迷惑をかけてしまう」という思い、つまり、忙しそうにしている先輩や上司の手を止めてしまい、大切な時間を奪ってしまうことに対する罪悪感のようなものがあるのではないでしょうか。

拒絶されたらどうしよう、冷たくあしらわれてしまったらどうしようという恐怖心を抱いている人もいるかもしれません。

このような人たちに知っておいてほしいことがあります。

私は、研修や打ち合わせのとき、先輩社員や上司と言われる人たち、そして採用に携わった総務・人事の担当者に必ず質問するようにしています。

「後輩や部下、採用を担当した若手社員に頼られて迷惑ですか？」

たいてい即答で「迷惑ではありません、むしろ嬉しいです」という答えが返ってきます。

私自身、もう二〇年以上も前のことですが、大学受験専門の小さな英語塾を開いていた時期がありました。今でも当時の生徒から連絡が来ると、ものすごく嬉しいです。どんなに忙しいときであっても、全く迷惑だなんて思いません。

もちろん例外的な人もいるとは思いますが、大半の人が、頼られると迷惑どころか嬉しくなります。

その理由は、人には「承認欲求」というものがあるからです。

頼られているということは、頼りがいのある先輩や上司、または採用担当者として認められているということであり、この「承認欲求」が満たされる場面なのです。

このように、心理学の観点からも、「頼られることは迷惑ではない（それどころか、むしろ嬉しい）」ということの説明がつくのです。

頼ることに心理的な抵抗がある人は、このことを知っているだけでも、相談することのハードルは下がるはずです。

余談になりますが、私が就職した会社を辞めて、前述の英語塾を起業するとき、場所を借りるための保証人が必要になりました。そのとき、思い切って父親に頼ったら、普段は気難しくて頑固な父親が、珍しく嬉しそうな顔で保証人の欄にハンコを押してくれました。

自助努力に関して（三つのR）

ウェルビーイングの実現に向けて、ストレスを上手に解消することが大切です。このストレス解消に関しては、自助努力で解決できる部分が多いです。もちろん、自助努力と人に頼ることを並行して実行すれば、相乗効果も発揮されるでしょう。

ストレス解消に関する自助努力の具体的な方法として「三つのR」をご紹介します。

Rest：休息

精神的な疲労、肉体的な疲労、どちらであっても、睡眠をはじめとした適度な休息を取ることは、とても大切なことです。

大谷翔平さんを筆頭に超一流アスリートたちも「リカバリー」というキーワードとともに、睡眠を代表とした休息の大切さを力説されています。

疲れていては、よいパフォーマンスを発揮することはできません。

根を詰めすぎても、よいアイデアは生まれません。

長時間労働を美徳とする文化は、私のような昭和世代で終わりにしなくてはいけない悪習だと思っています。

昭和の時代では形骸化していた有給、代休、半休、フレックスなどの制度も、今は良い会社になればなるほど、気兼ねなく活用できるようになっています。

職種によっては、時にはリモートワークも活用できれば、日頃から疲労度を低減することもできるでしょう。

健康管理は五七ページでお伝えした第2領域に該当します。悪化させる前に、早め早めに対応することが、自分だけでなく、職場で共に働く人たち、さらには会社にとってもいいことなのです。

気力体力ともに充実した状態で、よい仕事をし、人生を満喫するためにも適度な休息が必要であることは言うまでもありません。

がんばることも、もちろん大切です。否定はしません。でも、がんばり過ぎて潰れてしまっては元も子もありません。

Recreation（気晴らし）は、単調な生活に変化をもたらします。それが、リフレッシュにもつながります。

Recreation（気晴らし）の代表例は、趣味の充実です。

一点集中型で一つの趣味に没頭するタイプの人もいるとは思いますが、私は複数の趣味を持つことをおすすめしています。

例えば、アウトドアの活動に加えてインドアの活動、集団で取り組むものに加えて個人で取り組むものなど正反対の趣味が理想です。

その理由は、何らかの事情で続けられなくなってしまったときに備えられるからです。

有名な話ですが、私たちはやりたくないことをやらされているときストレスになります。

意外と知られていないのですが、やりたいことができていないとき、もっとストレスになります。

怪我《けが》や病気の影響で、一時的に激しい運動ができなくなってしまうことがあります。

天候などの外部要因によって制約を受ける趣味もあると思います。

予期せぬ異動や転勤があった場合、取り組めなくなってしまう趣味もあるかもしれません。

このような、やりたいことができなくなってしまう事態に備えるためにも、ちょっとかじる程度の趣味でも構いませんので、複数の趣味を見つけてください。

私は「四つの車輪」という表現を使うのですが、理想としては四つの趣味を持つことを提案しています。

以下、参考までに私の「四つの車輪」をご紹介します。

不健全だと思われてしまうかもしれませんが、私は好きなことを仕事にできているので、仕事＝趣味と公言しています。

主たる業務である「①研修の仕事」、副業にもなっている「②執筆活動」、「③ガーデニング」、そして幼い頃から続けている「④和太鼓」が私にとって四つの車輪になります。

これらをバランスよく実行できているとき、私は心身ともに充実していることを実感できるのです。

Relaxation：リラックス

女性に人気のヨガがその例として挙げられますが、Recreation（気晴らし）とRelaxation（リラックス）の両方に該当するものがあります。

この活動は、どちらに該当するのか、その分類にこだわる必要はありませんので、まずそれを注意点としておさえておいてください。

最も身近で手軽なリラックス方法は、喧噪《けんそう》から離れ、一人の時間をつくることです。「ソロ活」という言葉もあるように、一人で行動することに関して、今の時代はハードルが下がってきています。

ソロキャンは、男性に人気のソロ活です。

ゆったりとした環境の中、ボーッと火を眺めることは、とても贅沢《ぜいたく》な時間と言えるでしょう。それほどお金もかからず、リラックスできるうえ、絶好のリフレッシュの機会にもなるはずです。

最後にもうひとつ、とても大切なリラックス方法をご紹介します。

一人きりになることだけが、リラックスできる環境というわけではありません。大切な人と大切な時間を過ごすことも、リラックスできる絶好の機会と言えます。パートナーや親友など、あなたにとって大切な人との飲食や会話の時間も、立派なRelaxation（リラックス）に該当します。

「三つのR」の共通点

三つのRには二つの共通点があります。

まず、一つ目は仕事とは関係がありません。

そして二つ目が、すべて五七ページでお伝えした第2領域に該当します。

三つのRは、自分を大切にすること。そして自己投資とも言えます。

ときどき第4領域がストレス解消と思い込んでいる人がいます。

ギャンブルや買い物依存、過剰な飲酒や喫煙などが、その代表例として挙げられます。

これらの行為は、超短期の視点に立てばストレス解消になっているかもしれませんが、中長期の視点に立つと、自己嫌悪を招いたり、健康に害を及ぼしたり、借金など新たなストレスの原因を生み出してしまう行為です。

第2領域と第4領域は、しっかりと区別をして、健全なストレス解消方法を身につけることが大切です。

サードプレイス（第三の居場所）

最後に、健全なストレス解消方法に関するヒントをご紹介します。

二つ目のR（Recreation：気晴らし）と三つ目のR（Relaxation：リラックス）、さらにはウェルビーイングにも関連する話になります。

私たちが属する組織や集団は、「居場所」と言いかえることができます。

私たちにとって、心のよりどころとも言える居場所は本当に大切なものです。

その居場所を増やすという観点に立ち、「サードプレイス」という言葉をご紹介します。

私たちには三つの「場所」が必要だと言われています。

第一の場所である「ファーストプレイス」は、自宅です。第二の場所となる「セカンドプレイス」は、職場になります。
そして、第三の場所が「サードプレイス」です。

サードプレイスは、インフォーマルでパブリックな集いの場

「サードプレイス」とは、アメリカの社会学者、オルデンバーグが提唱した概念です。オルデンバーグは、生活に欠かせない自宅（ファーストプレイス）や職場（セカンドプレイス）という「二つの場所」に加え、「さまざまなプレッシャーから開放され、創造的な交流が発生する場」として第三番目の場所「サードプレイス」が必要であると言っています。

そして、この「サードプレイス」の特徴を「インフォーマルでパブリックな集いの場」と表現しています。

「インフォーマル」とは、堅苦しくない、または形式ばっていないという意味です。
つまり、「インフォーマル」な場所とは、「フォーマル」な職場とは正反対の場所です。素の自分（ありのままの自分）に戻れる場所であり、最も自分らしくいられる場所と

いうことになります。

インフォーマルな場所であるサードプレイスとは、演じている自分から解放され、自然体でいられ、自分本来の姿に戻れる場所とも言えます。

そのためには、誰からも強制されず、自分の意志で参加できる場所であること、そして対等な関係を形成できる場所であることも、その条件となります。

義務やしがらみが存在しないのです。これも職場とは大きく異なります。

そして、「パブリック」とは、一人ではなく他者との関わりが発生するという意味です。

これは、大人数である必要はありません。小集団でももちろんOKですし、ごく親しい人との個人的なつながりでもOKです。ですから、長いつき合いのある親友や幼なじみとの二人きりの集まりでも構いません。

もちろん、さまざまな年代と立場の人たちが集う場所は、より理想的なサードプレイスと言えます。

サードプレイスから得られる副産物

サードプレイスは、気晴らし（Recreation）や息抜き（Relaxation）の場、そして趣味の集まりにとどまらず、多くの副産物を手にすることができます。

最も理想的なサードプレイスは、年齢も立場も異なる人たちが集まる場、つまり、さまざまな年代、さまざまな背景を持った多種多様な人たちが集まる場所です。

必然的に情報交換の場にもなりますので、何かに行き詰まってしまったときには、良いアイデアやひらめきが生まれるなど、道が開けるキッカケになります。

会社の人にはできない相談もあるかと思います。そんなとき、サードプレイスから生まれる人脈は、とても頼もしく貴重です。

また、他では得られない、さまざまな刺激が得られますので、自分自身を高められる場所でもあるのです。

職場ではできないような経験ができ、その経験に基づく知識も増えます。それが、あなたの幅と奥行き、その両方を大きく広げてくれるでしょう。

素の自分に戻っただけでも、緊張から解放されリラックスした状態になれます。

しかも、それに加え、好きなことに没頭できるということは、初心や童心に戻れるということでもあり、それはこの上ないリフレッシュの機会にもなります。

リフレッシュして気持ちを新たにすることによって、英気を養う（充電する）こともできます。それは、今後の活力になるはずです。

また、新しいことに積極的にチャレンジすることによって、自己肯定感が高まります。自信が増すことによって、あなたの魅力や輝きも増すことになるでしょう。

もし思いつくものがあったら、さっそく飛び込んでみましょう。

・期待していたものとは違っていたら、どうすればいいの？

・結局、自分には合わなかったら、どうしよう……

きっと、そのような心配や不安が頭をよぎったと思います。

サードプレイスは、前述のとおり「誰からも強制されず、自分の意志で参加できる場所」です。

サードプレイスは、嫌になったり、合わなかったりしたら、やめちゃえばいいだけです。それが「誰からも強制されず、自分の意志で参加できる場所」という意味です。

だから、先のことは、あまり心配せず、気軽にチャレンジです。

いやなら、やめちゃって、また別の場所を探せばいいだけです。

サードプレイスは、精神的な健康を得るためにも非常に大切な場所であり、ウェルビーイングに直結する場とも言えます。

あとがき

第1章から第3章の終わりにご紹介した三名のインタビューには、奇《く》しくも共通点があったのですが、皆さんは気づかれましたか？

年齢や性別に関係なく、とかく私たちは自分を狭い枠にはめ込み、私は「こういう人です」と自分の特性を決めつけてしまいがちです。

きっと、その方がラクなんでしょうね。

枠の中は、安全圏内とも言え、ぬるま湯につかっているような状態です。でも、これって可能性を閉じ込めてしまっている状態とも言えますよね。

枠を壊し、安全圏外へと飛び出すことは、やっぱり怖いものです。そして努力や労力も必要になるので、ちょっと面倒でもあります。

ノーベル物理学賞を受賞した益川敏英《ますかわとしひで》さんは、就職活動に関してアドバイスを求めた学生に対して、次のように言っています。

「自分の本当の適性というものは、やってみなきゃわからないという側面がある。何もしないのが一番いけない。まず第一歩を踏み出すこと。踏み出すという実践の中から視野は広がる。あまり狭く考えない方がいい」

表現こそ異なりますが、三名のインタビューの中にも、同じ内容のメッセージが込められていました。

実は、私自身も以前、自分の仕事の範囲を決めつけていた時期がありました。

今の仕事を始めた当初、私は管理職に特化した研修を実施し、出版する本も読者対象は管理職に限定していました。

ところが研修担当者から「ぜひ新入社員や若手社員の研修もお願いします」とご依頼をいただき、仕事の幅は広がり、そして研修内容もより充実したものになっていきました。

出版も同様です。編集担当者から「若い人向けの本も書いてみませんか」とご提案をいただき、読者対象や内容も広がっていったのです。

それに伴い、私自身の見識や人脈もどんどんと広がっていき、私の人生がより楽しく豊かなものになっていきました。それは、今も進行中です。

もちろん、自信のある分野、得意としている分野、こだわりのある分野で活躍し、成長し、認められることは、楽しく、また、やりがいも感じられることでしょう。

一方、思いもよらぬ未知の分野で新たな才能を開花させることは、非常にスリリングで充実感があり、その経験から格別の喜びを得ることができます。

皆さんにも、是非この感覚、そして喜びを味わっていただきたいと思っています。

気力体力ともに最も充実した、人生の最もよい時期に、最も長い時間を過ごすのが職場です。

仕事を生活の手段と割り切るのも、人それぞれの考えなので否定はしませんが、仕事を通じて、自己の成長と社会への貢献を実感できた方が、精神的にも健全であり、ウェルビーイングな状態だと言えるのではないでしょうか。

本書が、人生一〇〇年、社会人五〇年時代のパイオニア的存在となる皆さんの、より充実した社会人生活、ひいては、よりよい人生の一助になれば、これ以上の喜びはありません。

ちくまプリマー新書

197
キャリア教育のウソ　児美川孝一郎
この十年余りで急速に広まったキャリア教育。でも、正社員になれればＯＫ？　やりたいこと至上主義のワナとは？　振り回されずに自らの進路を描く方法、教えます。

290
新しい時代のお金の教科書　山口揚平
お金ってそもそもなんだろう？　貨幣経済と産業構造がものすごいスピードで変化する今、私たちが知っておくべきお金の仕組みとは？　お金の未来はどうなるのか？

302
市場って何だろう
——自立と依存の経済学　松井彰彦
自立のために、多くの依存先を持とう！　様々な依存先を提供しうる市場という頼れる存在。市場をゲーム理論で読み解きながらそのあり方・可能性を考えてみる。

303
先生は教えてくれない就活のトリセツ　田中研之輔
内定が出る人には理由がある。会ってみたくなるES、インターンの有効活用法、人事担当者がどこをみているかなど、成功するためのメソッドを伝授する。

368
値段がわかれば社会がわかる
——はじめての経済学　徳田賢二
私たちの社会生活において「経済」の占める場所は大きい。そのしくみはどのようなものか。生産から消費まで、「値段」を手がかりに解き明かした経済学入門。

ちくまプリマー新書

456
税という社会の仕組み
諸富徹

なぜ税を納めたくないのだろう？　税は使途を選択し、払うことができる。税制の歴史、問題点や展望を見つめ、民主主義を実現するための税という仕組みを考える。

001
ちゃんと話すための敬語の本
橋本治

敬語ってむずかしいよね。でも、その歴史や成り立ちがわかれば、いつのまにか大人の言葉が身についていく。これさえ読めば、もう敬語なんかこわくない！

236
〈自分らしさ〉って何だろう？
——自分と向き合う心理学
榎本博明

青年期に誰しもがぶつかる〈自分らしさ〉の問題。答えを見出しにくい現代において、どうすれば自分らしく生きていけるのか。「自己物語」という視点から考える。

359
社会を知るためには
筒井淳也

なぜ先行きが見えないのか？　複雑に絡み合う社会を理解するのは難しいため、様々なリスクをうけいれざるを得ない。その社会の特徴に向き合うための最初の一冊。

363
他者を感じる社会学
——差別から考える
好井裕明

他者を理解しつながろうとする中で、生じる摩擦熱のようなものが「差別」の正体だ。「いけない」と断じて終えるのでなく、その内実をつぶさに見つめてみよう。

ちくまプリマー新書

373
勉強する気はなぜ起こらないのか
外山美樹
気持ちがあがらない、誘惑に負けちゃう。お困りなあなたにやる気をコントロールするコツを教えます。目標設定、友人関係、ネガティブ戦略など、どれも効果的！

403
私たちはどう学んでいるのか
――創発から見る認知の変化
鈴木宏昭
知識は身につくものではない⁉ 実は能力を測ることは困難だ⁉ 「学び」の本当の過程を明らかにして、教育現場によってつくられた学習のイメージを一新する。

404
やらかした時にどうするか
畑村洋太郎
どんなに注意しても、失敗を完全に防ぐことはできない。ピンチはチャンス！ 失敗を分析し、糧にする方法を身につけて、果敢にチャレンジできるようになろう！

421
集団に流されず個人として生きるには
森達也
過剰に叩かれる宗教団体、危機を煽るメディア、ネットの炎上……集団は強い絆と同調圧力を生み、時に暴走する。そこで流されないためにはどうすればいいのか。

285
人生を豊かにする学び方
汐見稔幸
社会が急速に変化している今、学校で言われた通りに勉強するだけでは個人の「学び」は育ちません。本当の「学び」とは何か。自分の未来を自由にするための一冊。

ちくまプリマー新書 489

実践《じっせん》！ 新社会人《しんしゃかいじん》のキホン

二〇二五年四月十日 初版第一刷発行

著者 内田和俊（うちだ・かずとし）

装幀 クラフト・エヴィング商會

発行者 増田健史

発行所 株式会社筑摩書房
東京都台東区蔵前二－五－三 〒一一一－八七五五
電話番号 〇三－五六八七－二六〇一（代表）

印刷・製本 株式会社精興社

ISBN978-4-480-68518-6 C0211 Printed in Japan